Konfliktfrei vererben

Konfliktfrei vererben

Ein Ratgeber für eine verantwortungsbewusste Erbgestaltung

von

Kai J. Jonas und Hubertus A. Jonas

mit einem Geleitwort von Anselm Bilgri

HOGREFE

GÖTTINGEN · BERN · WIEN · PARIS · OXFORD
PRAG · TORONTO · BOSTON · AMSTERDAM
KOPENHAGEN · STOCKHOLM · FLORENZ

Dr. Kai J. Jonas, geb. 1972. Studium der Psychologie. 2002 Promotion. Seit 2008 Assistenzprofessor in der Abteilung Sozialpsychologie der Universität Amsterdam. Forschungsschwerpunkte: automatische Verhaltenskomponenten, Verhalten in außergewöhnlichen und extremen Situationen.

Dipl.-Betriebswirt Hubertus A. Jonas, geb. 1940. Studium der Betriebswirtschaft und Marketing. Zusatzausbildungen als Trainer und Coach. Seit 1982 selbstständiger Unternehmensberater.

Bibliografische Information Der Deutschen Bibliothek

Die Deutsche Bibliothek verzeichnet diese Publikation in der Deutschen Nationalbibliografie; detaillierte bibliografische Daten sind im Internet über http://dnb.dnb.de abrufbar.

Göttingen • Bern • Wien • Paris • Oxford • Prag • Toronto • Boston
Amsterdam • Kopenhagen • Stockholm • Florenz
Merkelstraße 3, 37085 Göttingen

http://www.hogrefe.de
Aktuelle Informationen • Weitere Titel zum Thema • Ergänzende Materialien

Umschlagabbildung: Jörg Förschner, Vilsbiburg
Satz: ARThür Grafik-Design & Kunst, Weimar
Gesamtherstellung: AZ Druck und Datentechnik GmbH, Kempten
Printed in Germany
Auf säurefreiem Papier gedruckt

ISBN 978-3-8017-2399-6

Inhalt

Geleitwort 7

Vorwort der Autoren 11

1 **Einleitung** 13

2 **Das Erbe: Ein klassischer Konflikt** 21
2.1 Was hält mich eigentlich davon ab, mein Testament zu machen? 22
2.2 Welche Gründe gibt es, mein Erbe zu regeln? 23

3 **Wann ist eine Erbregelung notwendig?** 30

4 **Wer sind meine Erben?** 33

5 **Vererben als Prozess** 38
5.1 Der „richtige“ Zeitpunkt 41
5.2 Den eigenen Lebensabend mit in die Planung einbeziehen 44
5.3 Ein Testament ist kein Endpunkt 45

6 **Der Wert von Erbobjekten: Materielle vs. psychologische Gesichtspunkte** 50
6.1 Können materielle und persönliche Wertgegenstände gegeneinander ausgetauscht werden? 50
6.2 Die Psychologie des Wertes 52
6.3 Wer soll was bekommen? Wer will was? 53
6.4 Weitere Einflüsse auf die Erbschaftsaufteilung 55

7 **Über das Erbe sprechen** 59
7.1 Mit wem kann ich über meinen Erbprozess sprechen? 59
7.2 Mit den Erben über das Erbe sprechen 61
7.3 Mit dem Erblasser über das Erbe sprechen 64

8 **Die fünf großen Motive beim Vererben** 66
8.1 Gerechtigkeit 67
8.1.1 Die „Gerechtigkeitsgleichung“ 71
8.1.2 Warum der Typ „Buchhalter“ scheitern muss – und das Vertrauen gewinnt! 72

8.1.3 „Nachrechnen“ – warum hinterher alles bedeutsamer erscheint ... 74
8.2 Angst ... 77
8.3 Versorgen ... 81
8.4 Macht ... 82
8.5 Erziehen ... 83
8.5.1 Verspäteter Taschengeldentzug ... 83
8.5.2 Vererben als Bestrafung ... 84
8.5.3 Unethische Absichten beim Vererben: Enterben und Benachteiligungen ... 85
8.5.4 „Unerzogene“ Erben ... 87

9 Konflikte über das Erbe ... 89
9.1 Welche Arten von Konflikten können beim Vererben entstehen? ... 89
9.2 Gründe für Erbkonflikte ... 91
9.2.1 Erniedrigung ... 92
9.2.2 Rache ... 93
9.3 Konflikte alleine oder mit Hilfe von außerhalb lösen? ... 93
9.4 Umgang mit zeitlich unterschiedlichen Konflikttypen ... 94
9.4.1 Der Erbkonflikt zu Lebzeiten des Erblassers ... 95
9.4.2 Der Konflikt unter den Erben im Trauerfall ... 96
9.5 Abschließende Bemerkungen ... 100

10 Fazit: Vererben erzeugt Klarheit ... 102

Anhang ... 104
Literatur ... 104
Begriffserklärungen ... 106

Geleitwort

Als eines der Hauptmotive für den geringen Erfolg der Werbung für den freiwilligen Organspendeausweis wird die Angst der Menschen konstatiert, sich mit dem eigenen Tod zu beschäftigen. Dieses Motiv gilt sicher auch für den gesamten Problemkreis des Vererbens. Der Tod (wie übrigens auch die Geburt) findet seit der exorbitanten Entwicklung der Medizin nicht mehr im unmittelbaren Umfeld der Familie statt, sondern ist ausgelagert in Krankenhäuser oder eigens dafür eingerichteten Sterbehospizen. Wir erleben das Sterben nicht mehr; der Tod, zu früheren Zeiten ein normaler Begleiter des Lebens, ist heute zu einer verschämten Chimäre geworden, man spricht nicht darüber und man versucht nicht daran zu denken. Im Gegenteil: Wir wünschen uns ein langes Leben, möglichst in körperlicher und geistiger Gesundheit. Die erste Frage bei Begrüßungen lautet: „Wie geht's?" und der Wunsch beim Verabschieden heißt: „Gesundheit ist das wichtigste!" Sollte man doch einmal an den eigenen Tod denken, dann wird die Hoffnung geäußert, es möge schnell und schmerzlos, möglichst während des Schlafs geschehen. Noch für den Menschen vergangener, zugegebenermaßen religiöser geprägten Zeiten wäre dies eine Horrorvision gewesen. Man versuchte sich ein Leben lang auf den Tod vorzubereiten; ein plötzliches Sterben – ohne Vorbereitung, ohne die „Tröstungen der Kirche", hätte bedeutet, das ewige Leben aufs Spiel zu setzen. In den alten Gebetbüchern gab es lange Zeit noch eine „Übung vom guten Tod"; die ars moriendi, die Kunst zu sterben, war schon bei den Philosophen der Antike eines der Hauptthemen ihrer Ethik von einem erfüllenden und gelingenden Leben, der „vita beata" der Römer, bzw. der „Eudämonie" der Griechen. „Sein zum Tode", nennt Heidegger das Leben.

Religion und später die Philosophie haben auch die Funktion, dem Menschen angesichts der unvermeidbaren Sterblichkeit Trost und Kraft zu spenden, das Leben ethisch verantwortlich zu gestalten.

Am ehesten unserer modernen Lebensauffassung ähnlich, scheint sich der altgriechische Philosoph Epikur mit dem Problem des Todes und Sterbens befasst zu haben. In einem Brief an einen Freund schreibt er schon im 4. Jh. vor Christus, dass der Weise weder das Leben zurückweist, noch das Nichtleben fürchtet. Angesichts des Lebensendes muss der Mensch ein gutes Leben führen. Gut bedeutet hier: sinnvoll, in sich ruhend, ausgeglichen – ein erfülltes Leben. Der Tod und die gedankliche Beschäftigung mit ihm helfen dem Menschen dabei, sich schon in diesem Leben um die wahre Glückseligkeit zu bemühen. „Wenn du Abschied nimmst von diesem Leben, musst du ein sinnvoll gelebtes Leben zurücklassen können, das Bestand hat vor dem, was immer danach kommen mag.“ Daraus ließe sich eine Art eines ethischen Imperativs formulieren: Handle stets so, dass dein Tun und Lassen unter dem Aspekt der Ewigkeit (sub specie aeternitatis) Bestand hat.

Sicher hatten die Menschen früherer Zeiten nicht weniger Angst vor dem Tod als wir heutigen. Aber sie verdrängten diese Angst nicht, sondern beschäftigten sich ein Leben lang damit. Unser Verdrängungsmechanismus führt uns auch dazu, die Regelung des Nachlasses auf die lange Bank zu schieben, denn diese konfrontiert uns mit der Frage, was nach unserem Tod mit der materiellen oder ideellen Hinterlassenschaft geschehen soll.

Religionen geht es nicht nur um eine Hilfe zu einem ethischen und damit gelingenden Leben im Hier und Heute, sondern um die Letztverantwortung für das eigene Leben. Bei den Religionen des Altertums konnten viele Dinge und Begebnisse des Alltags dem Wirken der Götter und Geister zugeschrieben werden, die selbst wiederum dem Schicksal unterworfen waren. Das Christentum hat im Gegensatz dazu den Begriff der Gnade und des Segens kultiviert, d. h. die grundsätzliche Zuwendung Gottes zu seiner Schöpfung und damit zum Menschen, der religiös als Zielpunkt dieser Schöpfung gedeutet wird. Angesichts dieser herausragenden Stellung und der damit verbundenen Gottebenbildlichkeit bekommt er nun aber auch persönliche Verantwortung für die Gestaltung seines Lebens angesichts der menschlichen Entscheidungsfreiheit. Er muss dieses Leben moralisch gestalten, um die ewige Vollendung des Himmels, der ja nichts anderes als die Chiffre für die unmittelbare Gottespräsenz ist, zu erlangen. Diese seligmachende Gottesschau (visio beatifica) wird in der Theologie der Frühzeit sogar als Vergöttlichung beschrieben. Es geht um nicht mehr oder weniger als um das Weiterleben nach dem Tod. Der moderne Mensch hat mit der fraglosen Annahme eines Jenseits Schwierigkeiten, da dessen Existenz nicht nachzuprüfen ist. Aber gerade in der Unmöglichkeit, diese Frage definitiv zu klären, erhebt sich nur umso lauter der unstillbare Wunsch eines Weiterlebens. Die Regelung des eigenen Nachlasses ist nun eine Möglichkeit, für eine sehr diesseitig erfahrbare Form nach dem eigenen Tod noch weiter zu existieren. Nicht nur in der bloßen Erinnerung der Hinterbliebenen, auch in der positiv gestimmten Erinnerung, zu der eine wohlgeordnete Regelung des eigenen Nachlasses führt, vielleicht sogar in der Gründung einer Stiftung, eröffnet sich diese Möglichkeit.

Jeder Mensch vererbt etwas und sei es nur die Aufgabe, das Begräbnis zu organisieren. Deshalb ist es ein Zeichen der Verantwortung, sich schon zu Lebzeiten darum zu kümmern. Je größer der Umfang der Erbmasse ist, umso größer ist auch die Verantwortung. Dies rührt schon vom Grundsatz der sozialen Bindung des Eigentumsrechtes her. Im Artikel 14 des Grundgesetzes der Bundesrepublik Deutschland, der auch das Erbrecht garantiert, heißt es: „Eigentum verpflichtet. Sein Gebrauch soll zugleich dem Wohle der Allgemeinheit dienen." Dieser Auftrag, dem Gemeinwohl zu dienen, wird sicher im Besonderen dadurch erfüllt, indem man den Rechtsfrieden durch ein wohlüberlegtes Testament zu wahren versucht. Viele Menschen schieben die Regelung ihres Nachlasses auch deshalb hinaus, weil sie ihre Erben ganz besonders und detailliert auswählen wollen. Bei unvorhergesehenem Eintreten des Erbfalls tritt dann aber die gesetzliche Erbfolge in Kraft, die man gerade vermeiden wollte. Und die führt dann oft zu nachträglicher Enttäuschung, weil vorher durch Andeutungen Hoffnung verbreitet wurde. Der vorliegende „psychologische" Erbschaftsratgeber legt ausdrücklich Wert auf transparente Kommunikation.

Kommunikation, von lat. communicare, ist nicht nur Mitteilung, sondern bezeichnet auch die Absicht, das Mitgeteilte zu verwirklichen. Eine Mitteilung ist eine Form der Zuwendung. Diese ist wiederum der neutralste, aber nicht der schwächste Ausdruck für das, was wir Liebe nennen. Die Liebe ist ein Konglomerat aus Gefühl und Wollen.

Unsere abendländische Kultur ist geprägt vom Geist des Christentums, dessen Kernbotschaft neben der Menschenfreundlichkeit Gottes die Ethik der Liebe beinhaltet. Jesus fasst sein Liebesgebot in der Bergpredigt in der sogenannten goldenen Regel zusammen, die uns in allen Religionen, philosophischen Traditionen und Kulturen begegnet. Wir kennen sie meist als gereimten Aphorismus: „Was du nicht willst, dass man dir tu, das füg auch keinem an deren zu!". Dies ist die negative Fassung, die positive lautet: „Wie du wünscht, dass mit dir umgegangen wird, so sollst du auch mit den anderen umgehen." Das Projekt Weltethos, das sich auf die Suche nach einer gemeinsamen ethischen Grundlage für die globalisierte Wirtschaft gemacht hat, ist bei der Goldenen Regel fündig geworden. Auf sie kann man sich rund um den Globus berufen, sie ist allgemein anerkannt. Diesem ethischen Grundsatz sollte sich jeder potenzielle Erblasser früh genug stellen: Was würde ich mir für mich wünschen, wenn ich potenzieller Erbe wäre? Wenn ich diese Frage aufrichtig vor mir selbst beantworten kann, bin ich auf dem richtigen Weg hin zu einer transparenten, vom Willen zu Frieden und Einigkeit bei meinen Erben geprägten Form der Verantwortung für meinen Nachlass. Natürlich kann nur immer das aus der Sicht des Erblassers Bestmögliche getan werden. Wenn trotzdem die Erben im Erbfall nicht den Frieden wahren wollen, liegt dies nicht mehr in der Verantwortung desjenigen, der das Seine getan hatte.

München, im März 2012

Anselm Bilgri

Vorwort der Autoren

Wenn Vater und Sohn zusammen ein Buch über das Thema Erben und Vererben schreiben, dann bedeutet das vieles zugleich. Ohne Zweifel, das Thema steht zwischen ihnen und sie sind selbst davon betroffen. Gleichzeitig bringt der generationale Unterschied aber auch produktive Ergebnisse in der Sichtweise auf das Thema. „Wie siehst du das?“ ist eine der wichtigsten Fragen, die wir uns immer wieder gegenseitig, auf der Basis von Geschriebenem, am Telefon oder bei einem Glas Wein gestellt haben.

Ein weiterer entscheidender Moment für diesen Ratgeber war die Zusammenführung von Erfahrung; Lebenserfahrung, aber auch professionelle Erfahrung aus Forschung und Beratung. Hubertus A. Jonas hat als Unternehmer und Unternehmensberater in vielen beruflichen Stationen mit dem Thema Erbe Kontakt. Unternehmensnachfolge ist eine Kernfrage, die im eigenen Unternehmen, in der Erfahrung bei befreundeten Unternehmerfamilien, aber auch bei Klienten in der Beratung eine zentrale Stellung einnimmt. Gleichermaßen zeigen seine Erfahrungen aus dem Consulting von Banken, Sparkassen, Rechtsanwälten und Steuerberatern, dass in diesen Bereichen sowohl die adäquate Beratungskompetenz als auch die Beratungsprodukte vielfach fehlen. Hier identifiziert er auch das größte Problem: Wer mit seinem eigenen Vererben nicht im Reinen ist, kann auch andere nicht dabei beraten. Dr. Kai J. Jonas ist Sozialpsychologe an der Universität von Amsterdam. Er forscht und berät unter anderem auch zum Thema Erbschaften und Tod. In diesem Bereich analysiert er den Umgang von Erben mit Erbschaften, deren Risikoverhalten im Kontext von Geldanlagen und Trauerprozesse und ist zudem Mitentwickler von Trainings zur Überbringung von Todesnachrichten (Przyrembel, Jonas & Knaevelsrud, 2011) und berät in Fragen der Erbschaftsgestaltung. Aus diesen recht unterschiedlichen Perspektiven und dem Austausch von Erfahrungen entstand die Motivation, das gemeinsame Wissen darzulegen und in eine einfach zugängliche Ratgeberform zu bringen.

Bevor Sie mit dem Lesen beginnen, sind noch einige Bemerkungen notwendig. Wir verwenden in dem Buch eine Reihe von Beispielen von Erbfällen. Diese Beispiele sind einerseits fiktiv, andererseits auch voll aus dem Leben gegriffen. Sie beruhen auf Erfahrungen und Beispielen, die wir kombiniert und – quasi prototypisch – aus der Beratungspraxis zusammengestellt haben. In diesem Sinne sind sie also keine Gedankenspiele, sondern beruhen auf Fällen und Problemen echter Menschen und Familien. Wenn wir Beispiele nennen, dann stirbt in diesem Ratgeber immer der Mann zuerst, dann die Frau. Dies ist nicht immer so, entspricht aber der unterschiedlichen gemittelten Lebenserwartung der Geschlechter und es erleichtert Ihnen das Verständnis. Gleiches gilt für die Verwendung des Artikels. Zur besseren Lesbarkeit wurde bei allgemeinen Personenbezeichnungen einheitlich das männliche Geschlecht verwendet. Mit „dem Erblasser“ und „dem Erben“ sind also sowohl Männer als auch Frauen gemeint.

Unser Dank gilt Dr. Jörg Förschner für die Durchsicht und Anmerkungen zum Manuskript. Wir möchten insbesondere Ellen Jonas danken. Sie hat genauso großen Anteil an diesem Buch wie wir selbst. Zudem hat sie die Gestaltung der Beispiele übernommen.

Auch wenn das Thema kein Leichtes ist, hoffen wir, dass Sie die Lektüre des Buches als genauso gewinnbringend erfahren, wie wir das Verfassen desselben.

Amsterdam und Vilsbiburg, im März 2012

Kai J. Jonas
Hubertus A. Jonas

1 Einleitung

Auf einen Blick: Ziele und Inhaltes dieses Buches

- *Warum ist ein psychologischer Ratgeber zum Thema Erben und Vererben notwendig?* Die Psychologie des Vererbens und Erbens ist ein komplexer Prozess – sie geht über das juristische Regelwerk weit hinaus.
- *Vererben bedeutet Verantwortung.* Sie ist die „letzte Verantwortung", die man im Leben gestaltet.
- *Wie häufig kommt es zu Erbstreitigkeiten?* Der Spruch: „Der Streit übers Erbe hat ihn auch noch ins Grab gebracht" sagt viel aus über die Häufigkeit von Erbstreitigkeiten in der Praxis.
- *Was ist so besonders an einem Testament?* Nach wie vor sind der Tod und das damit verbundene Thema „Nachlass" ein Tabuthema in der Gesellschaft.
- *Warum wird Vererben schwieriger?* Erstens sind die Menschen heute konfliktbewusster geworden. Man steht heute mehr für seine Bedürfnisse und Rechte ein und kämpft um diese. Zweitens gibt es immer mehr Patchworkfamilien und diese ersetzen die klassische Mehrkindfamilie (als Mehrkindfamilien werden üblicherweise Familien mit mindestens drei Kindern bezeichnet). Dies macht das Erbe komplexer. Auch rückt durch die Singlegesellschaft das Thema „Vererben ohne direkte Erben" immer mehr in den Vordergrund.
- *Warum ein psychologischer und keine juristischer Ratgeber?* Der „letzte Wille" ist kein juristisches Papier, man muss ihn selbst gestalten. Dennoch: Vererben ist nicht ganz einfach. Juristische Ratgeber erhalten Sie im Buchhandel, persönliche Beratungen bei einem Rechtsanwalt oder Notar. Über die psychologische Seite des Themas gibt es kaum Bücher oder schriftliche Hilfen. Daher dieser Ratgeber, der die Sicht von Praxis und Wissenschaft vereint.
- *Wie kann ich einen Erbstreit verhindern und was kann ich tun, wenn es doch dazu kommt?* Das Ziel dieses Buches ist es, Ihnen eine Systematik an Hand zu geben, um Ihr Erbe so gestalten zu können, dass es nicht zu einem Streit kommt. Für den Fall, dass es doch zu einem Streit kommt, liefert es Ihnen Ratschläge, wie Sie damit umgehen können.
- *Wer soll dieses Buch lesen?* Dieses Buch ist vornehmlich für Menschen geschrieben, die sich frühzeitig über ihr Erbe Gedanken machen und es selbst gestalten wollen.

Warum ist ein psychologischer Ratgeber zum Thema Erben und Vererben notwendig?

Der Erbprozess wird einerseits durch rechtliche Bestimmungen geregelt – das Erbrecht. Dieses juristische Regelwerk beantwortet aber nicht die Frage, wer das Familiensiegel erhalten soll oder wie man den Geschwisterstreit so lösen kann, dass er nicht auch noch auf den Erbfall übergreift. Die Psychologie des Vererbens und Erbens ist ein komplexer Prozess. Er geht über das Abfassen eines Testaments weit hinaus und beginnt idealerweise auch schon früher im Leben. Die Gestaltung der Erbfrage ist eine große Herausforderung für uns Menschen. Sie konfrontiert uns mit unserer eigenen Vergänglichkeit, mit unseren Wünschen und Sehnsüchten und bietet uns die Chance, nachhaltig in die nächste Generation hinein zu wirken, im Positiven wie im Negativen.

Diese Fragen wollen wir in diesem Ratgeber behandeln. Perfekte Antworten wollen und können wir vermutlich nur in den wenigsten Fällen geben. Dafür ist jede Familie und jeder Erbprozess anders. Am Ende des Buches werden Sie sicher besser verstehen, wie Sie Ihren Erbprozess gestalten können und warum es sich bei diesem Thema um einen bedeutsamen und wichtigen Aspekt Ihres Lebens handelt.

Vererben bedeutet Verantwortung

Die Gestaltung des eigenen Erbes ist ein Akt großer Verantwortung. Sie ist eine der letzten Verantwortungen, die man im Leben übernimmt, und der Nachwelt, den Hinterbliebenen, hinterlässt. In gewisser Weise „stiehlt" sich der Erblasser durch seinen Tod aus der Verantwortung. Er erlebt die Konsequenzen seiner Erbgestaltung nicht mehr und muss die Folgen nicht mehr selbst aushalten. Auch wenn man als Erblasser davon nicht mehr direkt betroffen ist, muss man sich dieser Verantwortung stellen und darf ihr nicht ausweichen. Den Luxus des folgenlosen Handelns gibt es nicht.

Auch wenn es „letzter Wille" heißt und das Testament scheinbar eher zu den Themen des Seniorendaseins gehört, ist dies aus unserer Sicht eine Fehlwahrnehmung. Die Verantwortung beginnt bereits viel früher. Sie beginnt in dem Moment, in dem man etwas zu Vererben hat und Menschen dieses Erbe weiterführen oder von diesem Erbe profitieren sollen. In diesem Sinne kann sich auch bereits ein junger Mensch Gedanken über das Vererben machen. Verstärkt werden solche Verantwortungszwänge häufig dann, wenn es um größere Geldsummen, Unternehmen oder andere Werte geht, die man nicht einfach der gesetzlichen Erbfolge überlassen will. Beschäftigt man sich hingegen mit dem Thema Vererben nur aus Gründen der steuerlichen Optimierung, wird man dieser Verantwortung nicht mehr gerecht. Wir wollen die steuerlichen Fragen nicht abwerten, sie sind gerade bei Nachfolgeregelungen bei kleinen oder mittleren Unternehmen, Bauernhöfen oder Handwerksbetrieben hoch relevant, aber der

„Feind“ beim Vererben ist nicht der Fiskus, den es um jeden Preis „auszutricksen“ gilt. Der Preis der geringeren Erbschaftsteuer ist vielfach der Familienfrieden.

Wie häufig kommt es zu Erbstreitigkeiten?

Erbstreitigkeiten machen einen Großteil der Gerichtsverfahren an Familiengerichten aus. Auch ohne Gericht und Anwalt führt ein Streit über das Erbe oftmals dazu, dass sich ganze Familien auseinanderleben und manchmal jahrzehntelang in Zwist und Zwietracht leben. Der Volksmund kennt eine Reihe von Sprichwörtern, die mit dem Erbe zu tun haben. „Wer will wohl und selig sterben, lass' sein Gut dem rechten Erben“ ist ein solches Sprichwort, das man sowohl juristisch als auch psychologisch deuten kann: Wer ist der rechte, also richtige Erbe? Ein großer Teil dieses Ratgebers beschäftigt sich mit genau dieser Frage, d. h. wie wählt man den richtigen Erben für sein Erbe aus, wie teilt man gerecht? Es gibt aber auch andere Sprichwörter, die auf die Gefahren und Konflikte, die im Erbe lauern können hinweisen. Der Spruch „Das Erbe hat ihn auch noch ins Grab gebracht“ kommt nicht von ungefähr und verweist auf die nicht selten vorkommenden Konflikte und Streitereien unter den Erben. Im schwedischen Sprachraum ist das Sprichwort „Wenn Gott mit dem Tode kommt, dann kommt der Teufel mit dem Erbe“ (“När Gud kommer med döden, kommer Djävulen med arvingarna“) weit bekannt und zeigt sehr bildhaft auf, dass das Erben nicht immer nur im Positiven enden muss.

Wie viele Erbfälle tatsächlich im Streit enden, ist schwer einzuschätzen. Das Dunkelfeld ist vermutlich groß und die Scham, darüber zu sprechen, noch größer. Verschiedene Studien, beispielsweise die repräsentative Befragung der Postbank aus dem Jahr 2011, der BBE Branchenreport „Erbschaften“, oder die Interviewstudien von Sibylle Plogstedt (2011) kommen zu dem Schluss, dass jeder fünfte bis sechste Erbfall in heftigem Streit der Hinterbliebenen endet, der unter Umständen vor Gericht ausgefochten wird. Wir finden die absolute Wahrscheinlichkeit eines Erbkonflikts oder die tatsächlichen Zahlen solcher Konflikte weniger wichtig. Fakt ist, dass die alternde Gesellschaft immer mehr Erbfälle erzeugt und dass mit diesem Anstieg auch die kleinen, individuellen Enttäuschungen, die zeitweiligen Familienkrisen, bis hin zu den großen gerichtlichen Erbstreitigkeiten zunehmen werden.

Wenn man dies vermeiden will, dann ist man als Erblasser gefordert, sich seiner Verantwortung zu stellen und sein Erbe so regeln, dass es zu möglichst wenigen Krisen kommt. Hierbei soll dieser Ratgeber helfen.

Was ist so besonders an einem Testament?

Über den eigenen Tod oder den eines Familienmitglieds zu sprechen, gilt in unserer Gesellschaft als eines der größten Tabus. Da ist es auch nicht verwunderlich, wenn das Thema des Nachlasses, welches oftmals in einem Testament geregelt ist, genauso vermieden und im wahrsten Sinne des Wortes „totgeschwiegen“ wird. Diese Vermeidung des Themas hat aber eine Reihe von nachteiligen Konsequenzen, die viel problematischer sein können als das vielleicht unbequeme Gespräch davor. Das *private Testament* zeichnet sich zudem, wie fast kein anderes Schriftstück, durch einen Kontrast von Form und nachhaltiger, offizieller Wirkung aus. Bedingt durch rechtliche Anforderungen muss es handschriftliche Elemente enthalten, es kann also noch so flüchtig und formlos hingekritzelt werden, und hat dennoch Konsequenzen, die die ganze Familie und Lebensgeschichten verändern. Testamente werden vielfach nicht von den Erben gelesen, solange ihr Verfasser lebt. Es steht aber nirgendwo geschrieben, dass das so sein muss. Der Inhalt eines Testaments oder Vermächtnisses kann auch allen Beteiligten, dem Erblasser wie den Erben, bekannt sein, bevor es in Kraft tritt. Beim *Erbvertrag* ist die Voraussetzung gegeben, dass der Inhalt zwischen allen Beteiligten ausgehandelt und unterschrieben worden ist. Wir wollen hier keinesfalls dafür plädieren, die Privatsphäre des Vererbens aufzuheben, diese muss gewahrt bleiben. Jedoch wollen wir anregen darüber nachzudenken, wie überraschend der Inhalt des Testaments für die Erben sein muss. Wir argumentieren, dass dies vielfach zu Konflikten führen kann, die sich vermeiden lassen, wenn man sich mit den Betroffenen vorher austauscht.

Warum wird Vererben schwieriger?

Die Menschen sind heute nicht streitsüchtiger als früher. Auch gibt es vermutlich weniger unbewältigte Konflikte in Familien als zu Zeiten, in denen Scheidungen kaum möglich, die Familien von Hierarchien und Bevorzugungen durchzogen waren und einzelne Familienmitglieder anderen vorgezogen wurden. Daher erscheint es überraschend, dass Erbkonflikte in der Gegenwart eher zunehmen. Dafür gibt es eine Reihe von Gründen:

Wir sind konfliktbewusster geworden. Die Individuen von heute stehen mehr für ihre Bedürfnisse und Rechte ein, sie kämpfen um das, von dem sie denken, dass es ihnen zusteht. Der „letzte Wille“ eines Verstorbenen wird weniger akzeptiert. Man ist sich der Möglichkeit des Klageweges bewusst und gewillt, diesen zu gehen. Ebenso ist es im Kontext von geografisch und sozial loseren Familienverbindungen überhaupt denkbar geworden, einen Streit innerhalb einer Familie so weit zu tragen, dass man sich danach nie mehr sehen will und muss. Es wäre zwar sozialromantisch verklärt zu glauben, dass es das in der „guten alten Zeit" alles nicht gegeben hat, aber häufig waren die wirtschaftlichen Verflechtungen und das Leben in größerer geografischer Nähe ein Grund dafür, dass man sich (ungerecht oder unglücklich) wieder einigen musste.

Patchworkfamilien machen das Erbe komplexer. Vor 100 Jahren war das Erbmodell noch stark auf eine Mehrkindfamilie ausgerichtet. Illegitime Kinder hatten kaum ein Recht oder Chancen auf das Erbe. Was gesellschaftlich verpönt war (und dennoch vorkam), spiegelte sich sicher nicht im Erbe wieder. Die Familien in der gegenwärtigen Gesellschaft sind erheblich differenzierter. Scheidungen erzeugen zwei oder mehr Ehepartner (den früheren und den gegenwärtigen), Kinder haben mehrere Mütter oder Väter (biologische und soziale) oder werden adoptiert und so entsteht eine Gemengelage, deren Komplexität im Alltag weniger deutlich zu Tage tritt. Im Erbfall aber erscheinen alle Akteure auf der Bühne. Frühere Partner und Kinder aus verschiedenen Lebensphasen treffen im Erbfall häufig seit langer Zeit wieder oder gar zum ersten Mal aufeinander und sehen sich durch das Erbe in eine Beziehung oder einen Verbund gebracht, den sie vielleicht gar nicht möchten (oder, dass muss man auch deutlich machen, bleiben einem solchen Verbund außen vor, obwohl sie gerne dazugehören möchten).

Vererben ohne direkte Erben. Die Singlegesellschaft hat auch einen Einfluss auf die Komplexität beim Vererben. Dann ist doch alles ganz einfach, möchte man denken, denn wenn sich keine direkten Erben ermitteln lassen, tritt der Staat an ihre Stelle. Die meisten Alleinstehenden ohne direkte Erben möchten allerdings ihr Erbe nicht dem Staat vermachen. Mittlerweile versterben mehr und mehr Menschen ohne direkte Erben. Wer als Alleinstehender nicht möchte, dass der Staat zum Erben wird, muss sich um eine individuelle Entscheidungsfindung kümmern und sich die Frage stellen „Wer oder was soll mein Erbe sein?". Ohne Zweifel freuen sich karitative Einrichtungen, Kirchen, Tier- oder Kinderheime über ein Erbe, das ihnen die Weiterführung ihrer Arbeit ermöglicht. Möchte man aber das eigene Erbe selbst gestalterisch einsetzen, dann muss man sich frühzeitig darüber Gedanken machen, was diesen Zweck wie am besten erfüllen kann. Stiftungen oder Zustiftungen zu bestehenden Stiftungen entstehen nicht von heute auf morgen, und wenn auch das Konfliktpotenzial hier gering ist (mangels anderer Erben), so sind die persönliche Planung und Gestaltung oftmals eine größere Herausforderung.

Warum ein psychologischer und kein juristischer Ratgeber?

Beim Vererben denken viele Menschen oft nur an das Testament und sind darüber besorgt, ob es die korrekte Form hat, d. h. „gültig“ ist. Diese Sorge ist berechtigt, lässt sich aber schnell ausräumen. Erste Informationen bieten im Buchhandel erhältliche Ratgeber, z. B. „Richtig vererben“ von Günter Huber und Waltraud Müller (2010). Mittels eines solchen Buches können Sie sich einen guten Überblick über die rechtlichen Voraussetzungen verschaffen. Achten Sie aber darauf, dass der Ratgeber aktuellen Datums ist. Das Erbrecht hat sich in den vergangenen Jahren immer wieder verändert. Sie können sich auch bei Verbraucherzentralen informieren. Vielfach bieten diese, wie auch Volkshochschulen, Informationsveranstaltungen über die juristischen Aspekte von Testamenten zu günstigen Konditionen an. Von einigen Institutionen sind diese Informationen auch in Form eines Ratgebers erhältlich (z. B. von Otto Bretzinger „Richtig vererben und verschenken: ARD Ratgeber Recht“, 2011). Wer auf eine persönliche Beratung Wert legt und unter Umständen das Testament bei einem Rechtsanwalt oder Notar hinterlegen will, muss sich juristisch beraten lassen, d. h. mit einem Anwalt oder Notar Kontakt aufnehmen. Wir sind der Auffassung, dass Sie diesen Weg unabhängig von der Lektüre dieses Ratgebers gehen sollten. Vererben ist nicht ganz einfach, besonders wenn es ohne juristische Formfehler ablaufen soll. Diese sollten sie unbedingt vermeiden.

Schaut man sich die Titel von Erbratgebern an, fällt auf, dass dort häufig das Wort „richtig“ vorkommt. Dies suggeriert, dass man dabei Fehler machen kann und diese zu vermeiden sind. Für den juristischen Teil des Vererbens mag das stimmen, hier können Sie bestimmte Fehler vermeiden. Ob das Testament dann aber auch für Sie und Ihre Familie richtig ist, wird nicht durch das Erbrecht bestimmt. Erbrecht regelt nur, aber liefert keine Inhalte. Den Inhalt des Testaments muss der Erblasser selbst bestimmen! In vielen Fällen wird bei der Gestaltung eines Testaments übersehen, dass die pure Erbfolge oder die Erbanteile der Haupterben nicht zu dem Ergebnis führen, welche der gewünschten Aufteilung des Erblassers entsprechen. Wer sein Testament also allein durch das Erbrecht gestalten lässt, erhält zwar eine juristisch korrekte Form, aber keinen „letzten Willen“. Den muss man selbst gestalten und somit ist man hier selbst gefordert. An dieser Stelle muss ein zentraler Punkt deutlich gesagt werden: Was aus psychologischer Sicht wünschenswert erscheint, ist aus steuerlicher Sicht oft teuer. Sie müssen sich entscheiden, was Ihnen wichtiger ist: ob Sie vornehmlich Steuern sparen möchten oder ob Ihre Erben nicht mit dem

„schwedischen Teufel“ leben müssen. Natürlich wäre es einfach, die „teurere“ Lösung vorzuschlagen, unserer Erfahrung nach ist diese jedoch auch oft die „bessere“. Hier müssen Sie selbst entscheiden.

Wie kann ich einen Erbstreit verhindern und was kann ich tun, wenn es doch dazu kommt?

Man kann, etwas locker formuliert, der Auffassung sein, dass es den Erblasser ja nicht stören muss, wenn es um sein Erbe Streit gibt, denn er bekommt es ja nicht mit. Zwei Aspekte widersprechen dieser Sicht. Erstens beginnen die meisten Konflikte über ein Erbe schon bevor derjenige verstorben ist. Man muss sehr blind sein, wenn man diese Anzeichen oder Streitereien nicht wahrnehmen will. Zweitens muss man sich fragen, ob man die Erben und Hinterbliebenen (oft sind dies nicht ein und dieselben Personen) durch einen Erbstreit in eine Situation bringt, die man ihnen eigentlich nicht wünscht. Niemand hat gerne Streit in der Familie, schon gar nicht über Dinge wie Geld, Besitz oder Erbe. Das Ziel dieses Buches ist es, Ihnen eine Systematik an die Hand zu geben, wie sie ihr Erbe so gestalten können, dass es nicht zum Streit kommt, weder zu Ihren Lebzeiten noch danach.

Ist der Streit oder der Konflikt jedoch schon ausgebrochen, kann Ihnen unser Ratgeber auch helfen. Sie können so die Weichen oder Streitpunkte erkennen, an denen der Konflikt möglicherweise ausgebrochen ist. Lesen Sie dann hierzu insbesondere Kapitel 9 zu Erbstreitigkeiten und möglichen Lösungen. Bedenken Sie bitte, dass sich viele Erbstreitigkeiten nicht aus der Familie selbst heraus lösen lassen, sondern einen vermittelnden Eingriff von außerhalb benötigen. Wir können Sie an dieser Stelle nur ermutigen, die Unterstützung von professionellen Vermittlern (Mediatoren) oder erfahrenen psychologischen Beratern in Anspruch zu nehmen.

Wer soll dieses Buch lesen?

Dieses Buch ist vornehmlich für Menschen geschrieben, die sich über ihr Erbe Gedanken machen wollen. Ob Sie es als Basis für Ihre eigene konkrete Erbgestaltung verwenden möchten oder sich zunächst nur ein paar Gedanken machen wollen, ist zweitrangig. Erben ist ein Prozess, der verantwortlich gestaltet werden will. Daher kann die Gestaltung des eigenen Erbes keine Hauruck-Aktion sein, die an einem Wochenende abgeschlossen ist. Lassen Sie sich Zeit und beobachten Sie sich selbst, Ihre Wünsche, Bedürfnisse und Gefühle, aber auch ihre Erben.

Dieser Ratgeber lässt die späteren Erben nicht aus. Auch für Sie als Erbe kann dieser Ratgeber hilfreich sein. Sei es, um den Erblasser sanft anzustoßen – „Bitte kümmere dich um dein Erbe“ – oder um selbst besser verstehen zu können, was in den Köpfen von Erblassern vorgeht.

Aufbau dieses Buches

Der Ratgeber gliedert sich in verschiedene Kapitel, die sich jeweils mit einem speziellen Thema beschäftigen. Sie müssen diese Kapitel nicht unbedingt der Reihe nach lesen, sondern Sie können sich auch das heraussuchen, was Sie am meisten interessiert. In einigen Kapiteln finden Sie in Kästen eine kurze Darstellung einer psychologischen Theorie, die für das jeweilige Thema wichtig ist. Auch diese Kästen können Sie sich unabhängig von den einzelnen Kapiteln zu Gemüte führen. Vielleicht sind sie sogar der leichteste Einstieg in das Buch und erlauben Ihnen, sich zunächst Ihre eigenen Gedanken zu machen. In einigen Kapiteln finden Sie Aufgaben. Sie müssen diese nicht alle durcharbeiten, diese sind lediglich als Angebote gedacht, Ihre eigene Gestaltung des Erbes zu strukturieren und zu optimieren. Bei manchen Themen sind Sie möglicherweise schon weiter und haben eine gewisse Klarheit erlangt, und halten es daher nicht für notwendig, die entsprechende Aufgabe zu bearbeiten. Gehen Sie hier also ruhig selektiv vor und wählen Sie die Abschnitte aus, die Ihnen hilfreich erscheinen.

An verschiedenen Stellen des Buches haben wir Übersichten mit Tipps eingefügt. Diese sollen Ihnen helfen, Ihr Erbe besser zu planen und bieten Ihnen die Vorbereitungsgrundlage für Gespräche über die Erbregelung oder Konfliktgespräche. Im Anhang des Buches finden Sie Begriffserklärungen der wichtigsten Fachbegriffe. Wenn Sie ein Wort einmal nicht verstehen, dann können Sie dort kurz nachschauen. Die Erklärungen sind auf einer Ebene gehalten, die Ihnen das Verständnis des Textes erleichtern soll, sie sind jedoch nicht als umfassende Begriffsdefinition, -ableitung und -beschreibung zu verstehen.

2 Das Erbe: Ein klassischer Konflikt

Bevor Sie mit der Lektüre beginnen, wollen wir die aus unserer Sicht größten Fehler beim Vererben zusammenfassen. Sie werden in ausführlicherer Form in den späteren Kapiteln dieses Buches aufgegriffen.

Die 10 größten Fehler beim Vererben

1. *Das Verschieben der Erbregelung.* Dann sind Sie eher gestorben, als dies erledigt ist.
2. *Vererben als letzte Erziehungsmaßnahme.* Was Sie in der Kindheit nicht geleistet haben, leisten Sie mit dem Testament dreimal nicht mehr.
3. *Das Vertrauen auf eine* gütliche Einigung der Erben. Das Gegenteil ist richtig, denn Trauer kann auch aggressiv machen.
4. *Konflikte über das Erbe lösen.* Konflikte benötigen Aussprache und Versöhnung, keine vollendeten Tatsachen.
5. *Spontane Änderungen des Testaments.* Vererben sollte wohlüberlegt geschehen und dabei sollte man nicht das Fähnchen nach dem Wind richten.
6. *Das Erbe dem Steuerrecht folgen lassen.* Vererben bedeutet Gestaltung und Verantwortung, das Sparen von Steuern ist da nicht die oberste Maxime.
7. *Mehrfache Erbversprechen.* Vererben ist kein Köder für Gefallen!
8. *Beratung vermeiden und Vererben als Familienangelegenheit betrachten.* Selbst wenn Sie Ihr Testament nur innerhalb der Familie machen, müssen spätestens Ihre Erben damit zum Familiengericht.
9. *Erbkonflikte für unlösbar halten.* Jeder Konflikt kann auf eine Art und Weise gelöst werden.
10. *Sich für unsterblich halten!*

Hand aufs Herz, warum haben Sie sich dieses Buch gekauft? Vermutlich nicht, weil Sie jemanden kennen, der sich einmal dringend um die Gestaltung seines Erbes kümmern muss. Es geht um Sie selbst. Auch wenn das Buch vielleicht doch ein Geschenk an jemanden anderen ist, hat das Thema bei Ihnen eine eigene Bedeutung. Wir möchten Ihnen dabei helfen, sich dieser Bedeutung zu stellen und die Verantwortung für das eigene Erbe zu übernehmen.

Wir fangen ganz einfach an. Wir möchten Sie stufenweise an die Fragen heranführen, über die Sie sich klar werden müssen. Sie werden sehen: Wenn Sie diesen Prozess durchlaufen haben, dann wird die Gestaltung Ihres Erbes ein viel weniger bedrohlicher Zustand sein. Wir sind uns sicher, dass Sie vielmehr das Gefühl haben werden, dass Sie die Dinge so gut es ging geregelt haben.

2.1 Was hält mich eigentlich davon ab, mein Testament zu machen?

In unserer heutigen Gesellschaft ist der Tod in der individuellen Lebensplanung oft noch sehr weit weg und wird hoch abstrakt behandelt. Sogenannte Anti-Aging-Ansätze sind darauf ausgerichtet, die Menschen länger gefühlsmäßig jung, körperlich und psychisch gesund und aktiv zu halten. Das ist an sich nicht falsch und ein größeres Maß an Lebensqualität ist sehr zu begrüßen. Wenn aber die Kehrseite davon ist, dass die Menschen ihren Tod und was sie in diesem Zusammenhang regeln wollen und müssen, immer weiter verdrängen, dann kann die individuelle Lebensplanung Schaden nehmen. Letztendlich ist jedem klar, dass wir sterben müssen, und es will wahrscheinlich keiner sein Erbe ungeregelt lassen. Daher entsteht ein besonderer Typ von Konflikt im Zusammenhang mit dem Vererben.

In der Psychologie spricht man von „Annäherungs-Vermeidungs-Konflikten“, wenn man menschliches Verhalten beschreibt, das dadurch gekennzeichnet ist, dass man sich zu einem bestimmten Objekt hinbewegt als sich auch davon wegbewegt. Sie dürfen den Begriff „Bewegung“ hier nicht zu wörtlich nehmen. Es kann sich hier auch um die Auseinandersetzung mit einem Thema oder um die Verdrängung eines Themas handeln. Der eigene Tod und das Testament sind typische Beispiele für einen solchen Konflikt. Niemand denkt gerne über seinen eigenen Tod nach. Eine Erbplanung, nämlich die Erstellung eines Testaments, erfordert schon fast zwingend, dass wir uns mit unserer eigenen Sterblichkeit auseinandersetzen. Obwohl wir uns der Notwendigkeit der Testamentserstellung bewusst sind, damit eine rein gesetzliche Erbfolge vermieden wird und unsere Angehörigen nicht der „Verwaltungsmaschinerie“ oder einem Familiengericht „ausgesetzt werden“, verschieben wir oft das Erstellen eines Testaments. „Ich mache das einmal in Ruhe, wenn ich Zeit habe“, ist die häufigste Ausrede. Schaut man sich diese Worte genauer an, wird eines deutlich: Wir wissen, dass ein Testament nicht schnell nebenbei gemacht werden kann. Wir müssen uns Gedanken machen. Zu diesen Gedanken gehören folgende vier Schritte:

1. Ich muss meinen eigenen Tod akzeptieren lernen.
2. Ich muss mich entscheiden, was ich vererben will.
3. Ich muss mich entscheiden, an wen ich etwas vererben will und was jeder erhalten soll.
4. Ich muss meinen letzten Willen so verfassen und kommunizieren, dass meine Erben gut mit ihm Leben können (und dass er rechtlich korrekt ist).

Die amerikanischen Psychologen Larry Vandecreek und Deborah Frankowski (1996) haben untersucht, was Menschen davon abhält, ein Testament zu erstellen. Der Hauptgrund hierfür, so das Ergebnis ihrer Studie, ist, dass es den eigenen Tod bewusst macht. Im Umkehrschluss bedeutet dies, dass ich das Gefühl habe, dem Tode nicht nahe zu sein, solange ich mein Testament noch nicht gemacht habe. Dies kann als irrational bezeichnet werden, ist aber vermutlich ein verbreitetes Denkschema. Dieses Schema erklärt auch, warum sich viele ältere Menschen bedroht fühlen, wenn jüngere Angehörige, beispielsweise die Kinder, das Thema Testament oder Erbe anschneiden. „Du willst mich wohl ins Grab bringen", ist die pikierte Interpretation, die den es gut meinenden Kindern vielfach negativ ausgelegt und als Erbschleicherei interpretiert wird. Wir wollen nicht ausschließen, dass solche Fälle auch vorkommen (wahrscheinlich nicht selten), aber das Vorbringen dieses Themas durch jüngere Angehörige ist ein deutlicher Hinweis darauf, dass ein Regelungsbedarf bezüglich des Erbes besteht. Werfen Sie die Pikiertheit in Hinblick auf das Thema Tod über Bord und nehmen Sie die Verantwortung an. Sie kann Ihnen auch positive Gefühle ermöglichen, selbst wenn es um Tod und Nachlass geht.

2.2 Welche Gründe gibt es, mein Erbe zu regeln?

Um diese Frage zu beantworten, müssen wir die Hürde des drohenden Todes einmal anders betrachten. In einer Studie hat das israelisch-amerikanische Forschungsteam von Ronit Leichtentritt und Kathryn Rettig (2001) untersucht, was ältere Menschen unter einem guten Tod verstehen. Sehr häufig wurde der Aspekt genannt, die Kontrolle über die letzte Lebensphase zu haben. Hierzu gehört auch das Gefühl, den Moment nach dieser Phase gut geregelt zu haben. Dazu zählt die Frage der Beerdigung ebenso wie medizinische Verfügungen, die sich auf die Lebenserhaltung beziehen (siehe hierzu auch Ditto & Hawkins, 2005), sowie die Umsetzung des Testaments, des letzten Willens. Anekdotisch lassen sich Lebens- bzw. Sterbensgeschichten anführen, denen zufolge ältere Menschen noch nicht verstorben sind, weil das Gefühl, noch etwas regeln zu müssen, sie am Leben erhalten hat. Erst als sich dieses Gefühl der Kontrolle eingestellt hatte, waren diese Personen in der Lage, loszulassen und „zu gehen".

Der Gedanke an den eigenen Tod, so angsteinjagend und irritierend er auch sein mag, hat auch überraschende Konsequenzen. Die Psychologen um Sheldon Solomon, Jeff Greenberg und Tom Pyszczynski haben dafür ein Erklärungsmodell entwickelt, die Terror-Management-Theorie (siehe den folgenden Kasten). Dieses Modell geht davon aus, dass Menschen in Momenten, in denen sie sich ihrer Vergänglichkeit bewusst werden, eine Reihe von kompensatorischen Verhaltensweisen an den Tag legen, um die entstehende Angst abzupuffern. Eine solche Verhaltensweise ist die Sicherung der Versorgung von uns nahestehenden Menschen. In der Psychologie nennt man dies auch die „Eigengruppe" (im Gegensatz zur „Fremdgruppe"). Das Wissen um die eigene Sterblichkeit (siehe auch den folgenden Kasten) ist eine starke Triebfeder, überhaupt unser Testament zu machen (um die Eigengruppe, die unser symbolisches Weiterleben sichert, zu stärken).

Terror-Management-Theorie

Die Terror-Management-Theorie hat nichts mit Terrorismus zu tun, obwohl man es bei dem Namen vermuten möchte. Stattdessen beschäftigt sie sich mit der Frage, wie Menschen mit der Angst (engl.: *terror*) vor ihrem drohenden Tod umgehen und welche Einstellungen und Verhaltensweisen dieser Gedanke bei ihnen auslöst. Daher also der Terror im Namen. Diese Theorie wurde Ende der 80er Jahre von den US-amerikanischen Sozialpsychologen, Jeff Greenberg, Tom Pyszczynski und Sheldon Solomon (1986; Solomon, Greenberg & Pyszczynski, 2004) entwickelt. Kurz zusammenfasst besagt diese Theorie, dass der Moment, in dem man sich der eigenen Sterblichkeit bewusst wird (auch „Mortalitätssalienz" oder „Sterblichkeitssalienz" genannt), ein starkes Angstgefühl auslöst. Diese Angst vor der eigenen Vergänglichkeit wird durch zwei Mechanismen kontrolliert bzw. bewältigt. Diese „kulturellen Angstpuffer" sind:

- *Die kulturelle oder gruppenbezogene Weltanschauung:* Diese Weltanschauung umfasst Werte und Normen, aber auch soziale Strukturen. Dadurch wird Sinn und Transzendenz geschaffen und kann einem Individuum das Gefühl von Sicherheit, aber auch Unsterblichkeit geben (zumindest den eigenen Ideen, wenn auch nicht der „körperlichen Hülle").
- *Der Selbstwert:* Der Selbstwert wird erworben und gesichert, wenn man ein Leben nach den Werten der jeweiligen Weltanschauung führt und an diese Weltanschauung glaubt.

In einer Reihe von Studien konnte gezeigt werden, dass Menschen in Situationen mit hoher Mortalitätssalienz (in denen also die eigene Sterblichkeit sehr bewusst gemacht wird) eher dazu neigen, ihre eigene Nation, Gruppe oder Familie zu bevorteilen, sich für militärische Präventivschläge auszusprechen oder Geld für kulturelle Einrichtungen zu spenden. In einer Vergleichsgruppe ohne Mortalitätssalienz findet man diese Effekte nicht. Kurz gesagt, wenn sich Menschen der eigenen Sterblichkeit bewusst sind, tun sie alles, um ihre Weltanschauung und Werte über ihren Tod hinaus zu sichern. Die Angst vor dem eigenen Tod kann übrigens auf sehr subtile Weise geweckt werden. Experimentelle Bedingungen in der Terror-Management-Forschung bestehen beispielsweise darin, Versuchspersonen vor Friedhöfen zu befragen (im Vergleich zu einer normalen Straße) – allein die Umgebung löst eine Bewusstheit über die eigene Sterblichkeit aus.

Neben solchen „psychologischen Prozesstheorien" gibt es auch noch weitere Gründe, warum wir unser Erbe regeln wollen. Unser tägliches Handeln ist von sogenannten Motiven gekennzeichnet. Motive verleihen unserem Tun einen Inhalt und geben Ziele vor. Wie unschwer erkennbar ist, treiben solche Motive auch die Gestaltung des Erbes an. Da diese so wichtige Aspekte sind, widmen wir ihnen ein ganzes Kapitel (siehe Kapitel 8).

Erbe bedeutet Sinnstiftung

Die Sinnhaftigkeit ist ein zentraler Aspekt im Prozess des Vererbens, aber auch des Erbens. In unserer auf das Individuum ausgerichteten Gesellschaft entwickelt sich die Funktion des eigenen Erbes höchst unterschiedlich. Für manche stellt das Erbe ein wenig passendes Anhängsel an ein auf ein jugendliches Ich ausgerichtetes Leben dar und wird entsprechend vermieden. Für andere wieder hat das Erbe eine deutliche Funktion, wird oft symbolisch überladen und als kondensierter Ausdruck der Individualität verstanden. Die früher in der Gesellschaft gegebene Verankerung in einer generational bestimmten vertikalen Zeitachse bezogen auf die vorhergehenden und nachfolgenden Generationen entfällt heute für immer mehr Menschen aufgrund persönlicher oder familiärer Biografien und Lebensentwürfe. Oft fällt es schwer, aus dem auf die Gegenwart und das Ich bezogenen Leben einen weitergehenden Sinn zu konstruieren. Man kann sich dieser Aufgabe stellen oder sie vernachlässigen, mit entsprechenden Konsequenzen für die Sinnfrage im Erbkontext. Trotz der starken individualistischen Tendenzen versuchen Menschen heute immer noch, sich und ihr Leben, und deswegen auch ihr Erbe, in einen vertikalen Zusammenhang zu stellen. Für sie ist es wichtig, dass sie einmal Erbobjekte erhalten haben, diese treuhänderisch verwaltet und vermehrt haben und sie dann an die nächste Generation weitergeben. Viele Menschen arbeiten, sparen und leben nur für andere Personen, deren Lebensumstände sie mit dem Erbe verbessern wollen. Ein solches Verhalten ist nicht als solches abzuwerten, sondern ein Zeichen großer Fürsorge und Altruismus, wirft aber die Frage auf, für wen man letztendlich lebt: für sich selbst oder für andere. Lebt man jedoch hauptsächlich für und durch Dritte, dann hängt die Qualität des eigenen Lebens von der Qualität des Lebens dieser Menschen ab. Jeder Mensch lebt sein eigenes

Leben und die Möglichkeiten des steuernden, verbessernden Eingriffs von außen bleiben doch begrenzt. Für das Vererben bedeutet das, dass Sie abwägen müssen, woraus Sie den Sinn Ihres Erbes konstruieren wollen. Diese Frage muss jeder Erblasser schlussendlich für sich selbst beantworten.

Vererben bedeutet Verantwortung über die Generationen hinweg

Vererben wird häufig als Steuersparmodell angesehen, welches das Ziel haben soll, den Staat „auszutricksen" und das meiste Geld für die Familie zu bewahren. Auf den ersten Blick klingt das logisch, auf den zweiten weniger. Die eigene Familie lebt ja nicht in einem abgeschotteten Mikrokosmos ohne von der Gemeinschaft zu profitieren. Leider denken viele Erblasser hauptsächlich an das Sparen der Erbschaftssteuer. Unter dieser Maxime werden Erben schon früh Geschenke gemacht, offiziell oder unter der Hand, und andere Formen der Steuerersparnis ausgeübt. Ein hehres Ziel, welches nur leider oft mit großen Ungerechtigkeiten einhergeht. Über die früh begonnenen Erbprozesse kommt es immer wieder zu ungerechten Zuwendungen oder ungeregelten Kompensationen. Mit der Zeit kann niemand mehr nachvollziehen, wer nun wie viel erhalten hat und wie nun das Verhältnis dieser Zuwendungen ist. Kommen dann noch Veränderungen im Leben der Erben oder des Erblassers hinzu, die mittels solcher Zuwendungen aufgefangen oder kompensiert werden sollen, ist der Streit schon vorprogrammiert, wenn einer der Erben plötzlich beginnt nachzurechnen. Typische Fälle sind z. B. eine finanzielle Notlage einer der Erben, die mittels finanzieller Zuwendungen aufgefangen wurde, oder ein Hausbau, der so erst möglich gemacht werden konnte. Das Beispiel des Tischlermeisters in Kapitel 8.1.1 verdeutlicht diese fast unlösbare Gleichung. Vererben bedeutet Verantwortung im doppelten Sinn. Zunächst geht es darum, Verantwortung für das eigene Erbe zu übernehmen und intergenerational zu Denken und zu Handeln. Zweitens bedeutet Verantwortung in diesem Kontext die Erbaufteilung so vorzunehmen, dass sie den Ansprüchen der Familie auf Klarheit, Gerechtigkeit und ein Eindeutigkeit entspricht.

Gleichgeschlechtliche Lebensgemeinschaften

Ellen Riggle und Sharon Rostoski haben 2005 erstmals untersucht, wie Erbprozesse bei gleichgeschlechtlichen Lebensgemeinschaften ablaufen. Das Bild, das sich ergeben hat, ist recht düster. In den meisten Industrienationen hat der Gesetzgeber mittlerweile eine weitreichende Gleichstellung der Partner juristisch festgestellt und in Gesetzen verankert, in manchen Ländern sind diese Änderungen aber noch nicht in geltendes Recht umgesetzt, da die höchstrichterlichen Urteile noch nicht lange zurückliegen. Hier ist es von besonderer Dringlichkeit, dass eine Erbfolge individuell festgelegt wird, da die gesetzliche Erbfolgeregelung nicht dem Willen der Partner entsprechen wird (gleiches gilt übrigens auch für nicht eheliche Lebensgefährten jeder sexuellen Orientierung). Riggle und Rostoski weisen aber zudem darauf hin, dass die Motivation von schwulen oder lesbischen Paaren, sich einer Erbauseinandersetzung in der eigenen Familie zu stellen, insbesondere wenn die Eltern oder die Verwandtschaft den Partner oder die Partnerin nicht akzeptiert hat, oftmals sehr gering ist. Die Diskriminierung im eigenen Kopf verhindert in nicht wenigen Fällen die gewünschte oder notwendige Absicherung des Partners. Gleiches gilt auch, wenn Erbregelungen mit Rechtsanwälten, Steuerberatern oder Notaren umgesetzt werden sollen, die sich wenig modern und aufgeklärt zeigen. Hier ist dringend anzuraten, sich von Fachleuten Rat und Unterstützung zu holen. Dies können z. B. schwule oder lesbische Anwälte oder Steuerberater sein.

Was bedeutet dies nun für Ihren eigenen Erbprozess? Wenn Sie selbst schwul oder lesbisch sind, und Ihren Partner bei der Erbgestaltung berücksichtigen möchten, informieren Sie sich gut über die aktuelle Gesetzeslage.

Denken Sie auch an die schwulen oder lesbischen Partner Ihrer Angehörigen. Gerade in der älteren Generation, die kein Coming-out kannte und durchlaufen hat, werden diese Partner häufig als gute Freunde, als „Onkel" oder „Tante" im Familienverband beschrieben, aber oftmals nicht als zur Verwandtschaft zugehörig angesehen. So kann es schnell zu Benachteiligungen oder schlichtweg Diskriminierung kommen, weil die Mechanismen der gesetzlichen Erbfolge nicht greifen und diese Erben so übersehen werden.

Beobachtet man gesellschaftliche Trends, dann hat sich in unseren westlichen, hoch individualisierten Gesellschaften mit exzellenter medizinischer Versorgung einerseits eine Vermeidungshaltung in Bezug auf das Alter und eine Unmöglichkeit des Todes herausgebildet. Anti-Aging-Anwendungen erfreuen sich hoher Beliebtheit und glücklicherweise haben viele 70-Jährige heute noch mehr als ein Jahrzehnt erfüllten Lebens vor sich. Wer also nicht „stirbt", im Sinne der Terror-Management-Theorie also keine Todesangst erfährt, der kompensiert oder bewältigt seine Angst auch nicht dadurch, dass er seinem Leben durch seine kulturelle oder gruppenbezogene Weltanschauung einen Sinn gibt. Beispiele für eine solche Vermeidung mit dem Tod finden sich beispielsweise bei hochbetagten Menschen, die immer noch Geld für „später" (und eben gerade nicht für ihre jüngeren Angehörigen) sparen, anstatt ihren Lebensabend zu genießen. Häufig werden dann kein Testament oder Nachfolgeregelungen aufgesetzt, weil man denkt, dass dafür später noch genügend Zeit da ist. Wer in einem solchen Denken verfangen ist, verpasst die Chance intergenerational zu denken und zu handeln.

Eine zweite psychologische Erklärung, warum viele Menschen nicht zu intergenerationalem Handeln in der Lage sind, hat mit einer Persönlichkeitseigenschaft zu tun, die als „Narzissmus" bezeichnet wird. Unter Narzissmus versteht man, dass eine Person in allen Kontexten auf sich selbst fokussiert ist und die eigene Person als absoluten Standard bezeichnet. Man muss beim Narzissmus zwischen Formen, die so stark ausgeprägt sind, dass sie als Krankheit diagnostiziert werden können (d. h. der narzisstischen Persönlichkeitsstörung), und der reinen Persönlichkeitseigenschaft unterscheiden. Narzisstische Menschen, die im Volksmund auch als sehr selbstbezogen oder als Egoisten bezeichnet werden, sehen wenig Sinn in intergenerationalem Denken und Handeln, wenn dadurch primär Dritte einen Vorteil erhalten und sie dadurch kaum Vorteile haben. Das Potenzial der Sinnstiftung des intergenerationalen Handelns ist für diese Menschen zu wenig greifbar. Handeln sie dennoch intergenerational, dann verläuft dies oftmals in Bahnen, die für die anderen Beteiligten oder Empfänger wenig Freiraum lassen. Dann spricht man eher von „Familiendespoten" oder solchen Erblassern, die über den Tod hinaus noch auf das Leben anderer in ihrem Sinne Einfluss nehmen wollen.

Eigene Sinnstiftung und intergenerationale Verantwortung sind zwei große Herausforderungen an das eigene Erbe. Sie zu erfüllen erfordert eine bewusste Auseinandersetzung und interaktive (also gemeinsam mit den Erben durchgeführte) Planung. Eine große Hürde bleibt in beiden Fällen das Verschieben und Verdrängen des Themas. Diese lässt sich nur nehmen, wenn man das Vererben als Lebensaufgabe begreift und nicht mit dem Tod assoziiert.

Traditionen im Erbkontext

Ein Beispiel für intergenerationales Handeln ist die Begründung von Traditionen. Traditionen entstehen nicht einfach so, sie müssen bewusst gestiftet werden. Erst wenn eine Gruppe von Menschen, z. B. Freunde oder eine Familie, beschließt, sich in einer bestimmten Situation in einer bestimmten Weise zu verhalten und dieses Verhalten auch einen Sinn und Zweck nach innen, also für alle Gruppenmitglieder, und nach außen, also für mögliche

Beobachter der Situation, nachvollziehbar ist, hat, dann kann eine Tradition entstehen. Solche Traditionen leben von ihrer wiederholten Anwendung und werden daher als Wiederholungstraditionen bezeichnet.

Es gibt noch einen zweiten Typ von Traditionen, die an eine Übergabe eines Gutes oder Rechts gekoppelt sind. Ein gutes Beispiel für solche Traditionen im Erbkontext sind alle Arten von Übergaben: Der Sohn, der die goldene Uhr des Vaters bekommt, oder der Nachfolger im Unternehmen oder auf dem Bauernhof. Viele dieser Güter sind nicht teilbar und würden in ihrem Charakter durch eine Wiederholung der Übergabe entwertet werden, z. B. wenn es jedes Jahr zu Weihnachten wieder eine goldene Armbanduhr für den Sohn gäbe. Es gibt eine Schweizer Uhrenmarke, deren Anzeigenkampagne genau dieses Generationsprinzip nützt und mit dem Aufbau von Traditionen wirbt. In den Anzeigen wird mithilfe von Abbildungen, die Vater und Sohn oder Mutter und Tochter bei gemeinsamen Aktivitäten zeigen, suggeriert, dass die Armbanduhren dieser Marke schon für die nächste Generation mit angeschafft werden. Solche Übergabetraditionen, wie auch die Wiederholungstraditionen, betonen zudem eine abstrakte Ebene: Der Einsatz des Übergebenden für das Übergabegut wird zusätzlich dadurch motiviert, dass es eben einen Empfänger gibt, der das Unternehmen oder den Hof weiterführen wird oder der schlichtweg stolz die Armbanduhr tragen wird.

Auch wenn der Eindruck entstanden sein mag, dass intergenerationale Traditionen an Wertgegenstände gebunden sind (was häufig der Fall ist), so muss das nicht immer so sein. Eine Weihnachtstradition kann auch in Form von Strohsternen, die jedes Jahr wieder aufgehängt werden, bestehen. Auch die Stahl-Armbanduhr aus den 50er Jahren kann übertragen werden. Ebenso können immaterielle, verhaltensbezogene Traditionen weitergegeben werden.

3 Wann ist eine Erbregelung notwendig?

Historisch betrachtet wurden früher Titel und damit verknüpfte Machtbereiche, aber auch zugleich die wirtschaftliche Grundlage vererbt. Die Menschen lebten in Haus- und Hofgemeinschaften, in denen das Phänomen des individuellen Erbanteils, so wie wir es heute kennen, in der überwiegenden Anzahl der Fälle gar nicht vorkam. Max Weber, einer der ersten großen deutschen Soziologen, legt ausführlich in seinem Werk „Wirtschaft und Gesellschaft" (1921/1990) dar, wie mit der sich auflösenden Hausgemeinschaft, die ihre funktionale Stellung immer mehr von einer Versorgungseinheit zu einer Basis der Selbstverwirklichung in der Kleinfamilie wandelt, auch das individuelle Erbbedürfnis steigt. Ähnlich beschreibt der Soziologe Georg Simmel in seinem Standardwerk über die Soziologie (1992) auch die Funktion des Erbamtes, z. B. Adelstitel aber auch Familienvorstände, als ein Mittel zur Selbsterhaltung von Gruppen. Erben und Vererben bedeutet heute in westlichen Gesellschaften, insbesondere nach der Abschaffung der politischen Funktion des Adels, weniger eine Vererbung von Titeln und Ämtern, sondern ist ein Mittel zur individueller Weitergabe von Ressourcen geworden. Vererbung innerhalb der Familie ist jedoch unverändert geblieben. Ausnahmen von dieser Veränderung bestehen im Bereich der Vererbung von Bauernhöfen. Man möchte nun denken, dass für den Normalbürger vererben auf materielles Eigentum und gegebenenfalls Immobilien beschränkt ist. Diese Sicht greift jedoch zu kurz. Wir können auch Ideen und Haltungen vererben, hierfür ist allerdings kein Testament notwendig.

Vererben ist heute nicht einfacher geworden. Zwar ist eine Reihe von sozialen Normen weggefallen, andererseits hat die Komplexität mit der Ausdifferenzierung des Erbrechts und der steuerlichen Belastung des Erbes zugenommen. Eine Folge davon ist, dass sich viele Menschen dieser Komplexität nicht wirklich bewusst sind und ihr Erbe gar nicht oder unvollständig regeln. Die Konsequenzen sind dann unter anderem:

- Die gesetzliche Erbfolge greift und andere als die intendierten Erben erben.
- Die Erbschaftssteuer frisst einen großen Teil des Erbes auf.
- Aufgrund der mangelnden Klarstellung des Erblassers kommt es zu Erbstreitigkeiten.

Trotz dieser beachtlichen Konsequenzen regeln viele Menschen heute immer noch nicht ihr Erbe. Die Vermeidung der Nachlassregelung ist ein typisches Problem der Mittelschicht. Reichere Menschen, oftmals noch mit Eigentum an Unternehmen, haben ihr Erbe meist schon früh geregelt. Hier stellen sich zudem auch andere Fragen als bei einem einfachen familiären Erbfall. Wer übernimmt die Firma? Wie werden Anteile ausgezahlt? Wer hier nicht vorausschauend denkt, der setzt oft das gesamte Unternehmen oder Vermögen aufs Spiel. In solchen Fällen ist es notwendig schon früh vorzusorgen. Abhängig von der Größe des Vermögens können Sie dies mithilfe eines Rechtsanwalts und Steuerberaters gut lösen. In vielen Fällen ist das zu bewahrende Erbe aber bereits in den Händen mehrerer Familien oder Familienmitglieder. Dann sind Strukturen gefragt, die solchen komplexen Anforderungen gerecht werden können. Ein gutes Beispiel für eine solche Regelung sind sogenannte „Family Offices“ (siehe den nachfolgenden Kasten).

Family Office

Unter einem Family Office versteht man eine Dienstleistung, die die Aufgabe hat, große Vermögen langfristig zu verwalten. Diese Vermögen erstrecken sich über eine Familie, d. h. eine größere Anzahl von verschiedenen Erben unterschiedlicher Lebensaltersstufen. Vielfach liest man über Familienvermögen in der Höhe vieler Hundert Millionen Euro und mehr. Dieses Vermögen ist nicht mehr in der Hand einer Person, sondern auf die Familienmitglieder, in vielen Fällen in sehr unterschiedlicher Höhe oder mit unterschiedlichen Stimm- oder Verfügungsrechten, verteilt. Eine Unternehmerfamilie kann verschiedene „Stämme“ haben. Als Stamm bezeichnet man die Familien der Kinder der Gründer, ihrer Kinder und Kindeskinder usw. Gemein ist allen, dass sie ein gewisses Privatvermögen und einen Anteil an einem Familienbesitz ihr Eigentum nennen. Aufgaben und Ziele dieser Vermögensverwaltung sind natürlich die Sicherung und Vermehrung des Familienvermögens, aber nicht nur. Family Offices übernehmen vielfach auch die Aufgabe, die zukünftigen Anteilseigner und Erben auf ihr Erbe vorzubereiten, sie beraten bei Eheverträgen und in Erbfällen und auch ganz grundsätzlich darüber, wie die Familienmitglieder in der Öffentlichkeit auftreten sollten. Das Ziel ist, das Familienvermögen zu sichern. Wenn ein Angehöriger plötzlich aus der vereinbarten Linie „ausscheren“ würde, wäre das ganze Vermögen gefährdet oder könnte an Kapitalkraft verlieren. Diese Dienstleistung kann entweder von unabhängigen Beratungsgesellschaften, speziellen Abteilungen von Banken oder familieneigenen Gesellschaften oder Stiftungen erbracht werden. Grundsätzlich gilt dabei: Je größer das Vermögen, desto eher eignet sich eine eigene, selbstständige Verwaltungsform nur einer einzelnen Familie. Kleinere Familienvermögen werden zumeist in unabhängigen Beratungsgesellschaften oder bei Banken geführt. Eine Nutzung eines Family Offices ist in der Regel erst ab einem zweistelligen Millionenvermögen indiziert, da damit selbstverständlich auch Kosten verbunden sind. Kaum überraschend ist es, dass die meisten Family Offices der Welt in der Schweiz angesiedelt sind, aber auch im Rest von Europa sind solche Dienstleistungsanbieter zu finden. Ihre Zahl liegt laut der Neuen Zürcher Zeitung (2009) geschätzt bei über 4.000.

Die meisten westeuropäischen Gesellschaften sind durch eine zahlenmäßig große Mittelschicht geprägt. Hier nimmt die Erbsumme seit einigen Jahren immer mehr zu und erreicht Billionenwerte. Egal, wie groß Ihr eigenes Erbe ist, es ist Ihre Verantwortung, es zu gestalten.

Wer arm ist und wenig Besitz hat, denkt möglicherweise, dass es nicht nötig ist, ein Testament zu machen, aber dies ist eine Fehleinschätzung. Es gibt keine untere Grenze für Nachlässe und selbst Ihre wenigen Besitztümer könnten Ihren möglichen Erben so sehr am Herzen liegen, dass diese es gerne sehen würden, wenn Sie die Aufteilung im Detail geregelt haben.

Die Wahrscheinlichkeit, dass ein Konflikt über das Erbe ausbricht, ist zunächst unabhängig von der Höhe der Erbsumme oder der Größe der Erbmasse. Sicher ist es so, dass Konflikte über eine Aufteilung größerer materieller Werte eher vor Gericht verhandelt werden als die Aufteilung von Omas Sparbuch über 5.000 € und ihrer Sammeltassen. Die Statistiken über Erbkonflikte basieren zumeist auf Daten der Familiengerichte. Konfliktfälle, die nicht vor Gericht verhandelt werden, bleiben so eher im Dunkelfeld. Es ist aber leicht nachzuvollziehen, dass eine als ungerecht empfundene Aufteilung von kleineren Geldbeträgen oder dem Hausstand tiefe Wunden in eine Familie schlagen kann. Für eine Sammeltasse zieht man nicht vor Gericht (auch hier bestätigen Ausnahmen die Regel), aber der Konflikt in der Familie bleibt.

Zusammengefasst gilt also, dass ein Testament immer mehr Vorteile bietet als gar keine Erbregelung zu treffen oder das Eintreten der gesetzlichen Erbfolge abzuwarten. Nur so wissen Ihre Erben, wie Ihr Wille aussieht.

4 Wer sind meine Erben?

Die Aufteilung des eigenen Erbes ist ein Entscheidungsprozess, der von mehreren Einflussfaktoren bestimmt wird. Es ist mithin nicht so, dass einzig und allein das Erbrecht das Vererben regelt. Das Erbrecht in seiner heutigen Funktion dient dazu, den Erbprozess planbar zu machen, grobe Ungerechtigkeiten zu vermeiden und Erbwillkür auszuschließen. Dies war nicht immer so. Das Erbrecht hat sich aus frühen gesellschaftlichen Überlegungen entwickelt, deren ursprünglich vornehmlichster Grund war, das Überleben der Familie zu sichern und Erbstreitigkeiten zu vermeiden. Lange galt in der westeuropäischen Kultur der erstgeborene Sohn als der Haupterbe und Erbentscheidungen wurden allein von Vätern getroffen. In anderen Kulturen ist das nicht unbedingt so. Matrilineare Gesellschaften sind an der Position der Mutter ausgerichtet und das Erbe erfolgt über die weibliche Linie.

Fragt man Menschen auf der Straße, wer ihr Erbe ist, dann erhält man oft überraschende Aussagen. Bei einem etwa Mitte 50 Jahre alten Ehepaar, an das wir diese Frage richteten, antwortete der Mann: „Unsere Kinder natürlich". Woraufhin seine Frau erschrocken-empört einwarf: „Und ich?". Was ist hier passiert? Der Mann hatte die Frage aus einer „Wir"-Perspektive beantwortet und dabei aber nicht bedacht, dass seine Frau und er wahrscheinlich nicht gleichzeitig sterben werden und dass sich das Ehepaar Gedanken darüber machen muss, wer in welcher Reihenfolge erben wird. Ein anderes Ehepaar antwortete auf die Frage: „Am Ende bekommen unsere Kinder alles!", und dann fügte erst der Mann hinzu „Aber auch noch ein Neffe von uns, der hat es nötig", und dann die Frau „Ja, und das Tierheim bekommt auch noch etwas", was der Mann mit verdrehten Augen und der Aussage „Die haben es sicher nötig" quittierte. Hier wird deutlich, dass die Erbaufteilung wohl noch eine Reihe von Diskussionen nach sich ziehen wird. Wenn man den letzten Fall fiktiv weiterdenkt, ist ein folgender Konflikt denkbar: Der Mann stirbt zuerst, die Kinder und weitere Verwandte verzichten zunächst auf ihr Erbteil zugunsten der Ehefrau/Mutter. Nach deren Tod stellen die Kinder fest, dass diese neben dem Pflichtteil für die Kinder und einem ähnlichen Betrag für den Neffen den überwiegenden Teil des Erbes dem Tierheim vermacht hat. War das im Sinne des Vaters? Werden die Kinder die Entscheidung der Mutter akzeptieren? Hier sind Konflikte vorprogrammiert.

Kurze Geschichte des deutschen Erbrechts

Bereits die indogermanischen Völker kannten erbrechtliche Prinzipien. Die Söhne standen in der Erbfolge an erster Stelle. Allerdings legten diese Völker auch noch Beigaben in das Grab, sodass auch der Erblasser einen Teil seines Erbes behielt. Die erste Kodifizierung eines Erbrechts finden wir im Römischen Reich. Gerhard Köbler beschreibt in seiner „Deutschen Rechtsgeschichte" (2005) die zwei zentralen Prinzipien, die seitdem (und fast ohne Unterbrechung) gelten: Die Familienerbfolge und die Testierfreiheit.

Familienerbfolge bedeutet, dass die verwandtschaftlich nahestehenden Angehörigen, zumeist die Kinder, in der Erbfolge an erster Stelle stehen. *Testierfreiheit* bedeutet, dass der Erblasser frei ist, wem er was und wie viel er vererbt. Überraschend ist, dass Frauen, obwohl sie grundsätzlich den Männern nicht gleichgestellt waren, auch erben konnten, wenn ihnen zugleich auch ein Vormund gestellt wurde, der Zustimmung zu allen Geschäften geben musste. Die 12 Tafeln des Altrömischen Rechts blieben mit Spezifikationen während der gesamten Dauer des Römischen Reichs gültig und wurden erst im 5. Jahrhundert n. Chr. vereinfacht. Kaiser Valentinian III erlaubte im Jahre 446 das eigenhändig geschriebene, zeugenlose Testament (zuvor mussten noch fünf Zeugen anwesend sein). Seit Kaiser Justinian wurde das Pflichtteilsrecht eingeführt und ein Erbausschluss von nahen Angehörigen war nicht mehr möglich. Im Mittelalter nahm die Familienerbfolge wieder einen prominenteren Platz ein, Testamente wurden kaum mehr geschrieben. Die Reihenfolge der Familienerbfolge war regional unterschiedlich, folgte jedoch meist der Regel Sohn – Tochter – Vater – Mutter – Bruder – Schwester (jeweils aus der Perspektive des Verstorbenen). Oftmals wurde die Familienerbfolge durch Erst- oder Letztgeborenenregeln ergänzt. Auch begann die Kirche einen Erbteil in gleicher Höhe wie dem für die Kinder zu fordern, z.B. bei zwei Kindern ein Drittel des Erbes. Erst ab dem 16. Jahrhundert bekam das Testament wieder mehr Gewicht und ab 1906 wurden Erbschaftssteuern erhoben. Einzelne Berufe unterhielten besondere Erbregelungen. Lange konnte man nur dann Meister in einer Zunft werden, wenn man die Frau eines verstorbenen Meisters ehelichte – Erbschaft war die Garantie zum sozialen Aufstieg. In der Landwirtschaft galten besondere Regelungen wie die Höferolle, die immer mehr regionale Unterschiede, wie das Erstgeborenenrecht oder Minorat (Letztgeborenen-Erbrecht), aufhoben. Die Höferolle oder Höfeordnung besteht im Erbrecht immer noch und stellt eine der größten Ursachen von Erbstreitigkeiten dar. Wer in der Höferolle eingetragen ist, also dazu qualifiziert ist den Hof weiterzuführen, der erhält Grund und Boden sowie die Wirtschaftsgebäude, nicht aber das Wohngebäude.

Wie die obigen Beispiele verdeutlichen, sind Erbaufteilungen nicht nur juristisch determiniert, sondern ein Ergebnis komplexer Abwägungen verschiedener Faktoren. Diese Faktoren sind unter anderem soziobiologische, verhaltensbezogene und emotionale Aspekte. Die soziobiologische Verbindung zwischen Erblasser und Erbe, also der Verwandtschaftsgrad, war jahrhundertelang der einzige bestimmende Faktor der Erbaufteilung. Die Logik der Soziobiologie sagt nun vorher, dass der Erblasser den Erfolg seiner Gene erhöhen kann, wenn er sein Erbe an solche Personen gibt, die die größtmögliche genetische Übereinstimmung mit ihm aufweisen. (Hier wird übrigens deutlich, warum die Erbregelung über die Mutter doch recht schlau ist: Mütter wissen, wer ihre Kinder sind, Väter nicht immer.)

Die verhaltensbezogenen Aspekte entstammen mehr einer sozialen Norm, d. h., sie orientieren sich daran, an wen üblicherweise vererbt wird. Diese Normen unterliegen in der heutigen Zeit einem starken Wandel. Teilweise sind sie auch nicht mehr auf die Lebenswelten der Erblasser anwendbar. Bleiben wir bei der Erstgeborenenregel, die den ältesten Kindern, z. B. als Hof- oder Unternehmenserben, eine Sonderstellung im Erbe zubilligt. Sie ist kaum mehr anwendbar, wenn ein Erblasser zweimal verheiratet war und in beiden Fällen einen Sohn gezeugt hat. Ist nun der Sohn aus der ersten Ehe gegenüber dem Sohn aus der zweiten Ehe zu bevorzugen? Wohl nicht, wenn man davon ausgehen darf, dass die jeweilige Familie der Lebensmittelpunkt des Erblassers zu dieser Zeit war. Gerade die Patchworkfamilien der heutigen Zeit sind nicht mehr mit den sozialen Normen in Bezug auf Vererbung aus der Nachkriegszeit kompatibel. Wer in einer solchen Situation heute noch nach diesen – aus unserer Sicht überholten – Regeln vererbt (z. B. an den erstgeborenen männlichen Nachkommen), der hat sein Erbe gedanklich noch nicht an seine eigene Lebensrealität angepasst, die durch mehrere Lebenspartner und Kinder mit verschiedenen Elternteilen charakterisiert ist.

Ein weiterer Grund, warum die sozialen Normen weniger auf das eigene Erbe angewandt werden, liegt in der Tatsache, dass der Wohlstand der Kinder über dem der Eltern liegt und die Erben nicht mehr erben müssen, um ihr Überleben zu sichern. Für den Erblasser entstehen so Freiräume, die ungewohnt sind und gestaltet werden müssen.

Ein dritter Grund, weshalb soziale Normen immer weniger zur Anwendung kommen können, ist ihre Fixierung auf das Familienerbe bzw. spezifisch auf das Erbe an die Kinder. Die heutige Singlegesellschaft bringt immer mehr kinderlose Erblasser hervor. Ebenfalls fallen schwule oder lesbische Paare ohne Kinder in diese Kategorie. Diese Gruppe von Erblassern muss sich Gedanken darüber machen, wer ihr Erbe sein soll. Vielleicht finden sich Angehörige, die als Erben in Frage kommen. Doch je weiter diese Erben verwandtschaftlich entfernt sind, d. h. je fremder sie einem Erblasser sind, desto geringer wird ihre Tauglichkeit als Erbe. Häufig treten dann Überlegungen auf, ideelle Erben einzusetzen, d. h. Stiftungen zu gründen, zu anderen Stiftungen hinzuzustiften oder das Erbe einer öffentlichen Institution (z. B. Vereinen) oder Trägern der paritätischen Wohlfahrt oder den Kirchen zu vermachen.

Aufgabe: Eine Erbenliste erstellen

Der erste Schritt in der Erbplanung hat das Ziel, Klarheit darüber zu gewinnen, wer die eigenen Erben sein sollen. Für manche mag diese Aufgabe relativ wenig Zugewinn erbringen, da für sie nur eine oder zwei Personen infrage kommen. Für andere ist diese Aufgabe sehr wohl mit einer größeren Gruppe von Menschen und mit einigem Nachdenken verbunden.

1. Machen Sie sich eine Liste aller Ihrer potenziellen Erben.
2. Teilen Sie die Liste auf in Familienangehörige, Freunde/Bekannte und Institutionen.
3. Erstellen Sie eine Rangliste, wer in ihrer eigenen Erbfolge die höchste Priorität hat.

Wir fragen Sie in dieser Aufgabe bewusst nicht danach, was genau jeder einzelne erben soll. Dieser Schritt ist unabhängig von der Bestimmung der Erben (und wird im folgenden Kapitel behandelt). Der Vorteil der Aufteilung in „wer" und „was" liegt darin, dass Sie so feststellen können, dass Sie einen Erben einsetzen möchten, aber für diese Person oder Institution noch kein Erbe einplanen möchten. Ein Beispiel, wie solch eine Rangliste aussehen kann, zeigt Abbildung 1.

	Familie	Freunde	Institutionen	Rangliste Erbfolge
Karin	Frau			1
Thomas	Sohn			2
Sonja	Tochter			2
Barbara	Tochter			1
Franz	Enkel			2
Rolf	Enkel			3
Markus		X		3
Doris		X		4
Heimatverein			X	4
Rotes Kreuz			X	4

Abbildung 1: Beispiel für eine Erbrangfolge

Anschließend müssen Sie Ihre Erbaufteilung überdenken. So können Sie verhindern, dass Sie zu vielen Menschen etwas vererben wollen, obwohl die Erbmasse gar nicht in einer solchen Höhe vorhanden ist. Die Folge einer fehlenden Übereinstimmung zwischen Erbenanzahl und Erbmasse sind häufig Mehrfacherbversprechen. Bei solchen Mehrfacherbversprechen erwarten mehrere Menschen, dass sie entweder überhaupt oder individuell mehr erben werden, was dann schlussendlich (bitter) enttäuscht wird und zu Erbkonflikten führen kann.

Achtung: Seien Sie vorsichtig mit dem Einsetzen von Erben, mit denen sie an sich nur eine professionelle Beziehung haben, beispielsweise Pflegepersonal. Erstens leisten diese Personen eine Arbeit, für die sie bereits entlohnt werden und zweitens ist diesen Personen die Annahme von Erbschaften gesetzlich verboten. Im Familienkontext stellt sich die Situation jedoch anders dar. Hier ist Pflegetätigkeit im Kontext der Bestimmung der Erben und der Erbaufteilung sehr wohl relevant.

5 Vererben als Prozess

In vielen Filmen findet sich eine typische Szene: Die Erben sitzen nach einem Todesfall beim Notar oder Rechtsanwalt, das Testament des Verstorbenen wird eröffnet. Keiner der Beteiligten hat eine Vorstellung davon, wer etwas bekommt und wenn ja, wie viel. Aus Gründen der filmischen Dramatik bekommen natürlich alle nicht das, was sie erwartet haben, manche werden ganz enterbt und eine Person erhält alles.

So extrem stellt sich diese Situation in der Realität meistens nicht dar, denn in den meisten Familien ist das Thema Erbe schon vor dem Erbfall in irgendeiner Form schon einmal besprochen und behandelt worden. Dennoch erleben viele Erben immer wieder Überraschungen, wenn das Erbe nicht so ausfällt wie sie es selbst erwarten und möglicherweise mit dem Erblasser abgesprochen haben. Solche Fälle sind fast immer der Beginn von Erbstreitigkeiten, entweder mit dem Erblasser, wenn es sich um abgesprochene, vereinbarte Schenkungen noch zu Lebzeiten handelt, die dann nicht oder in einer anderen Höhe erfolgen, oder mit den anderen Erben, wenn das Testament angezweifelt und angefochten wird.

Der Gesetzgeber hat in den letzten 100 Jahren das Erbrecht immer weiter ausdifferenziert und mit Regelungen angereichert, die sowohl der zunehmenden Komplexität der Familien (z. B. das Erbrecht von Kindern aus unverheirateten Partnerschaften der Eltern oder ganz generell im Scheidungsfall), als auch der gesellschaftlichen Wirklichkeit (z. B. eingetragene Partnerschaften von Schwulen oder Lesben) Rechnung tragen.

Auch hat der Gesetzgeber Regeln, wie den Pflichtteil, ins Erbrecht eingefügt, um grobe Ungerechtigkeiten zu vermeiden. Allerdings verweist die Situation, in der ein Pflichtteil eingefordert wird, auf ein anderes, psychologisches Phänomen: Der Erblasser hat die Erbstruktur in den meisten Fällen nicht mit den Erben abgesprochen. Der Erblasser ist dazu auch in keiner Weise verpflichtet, theoretisch kann der „letzte Wille" ein Ausdruck der Auffassung der Erbaufteilung während der letzten Momente des Lebens sein. Die Frage ist allerdings, ob so eine Handhabung des Erbprozesses die richtige ist. Man könnte argumentieren, dass der Erblasser so eine gewisse Spannung erzeugt und aufrechterhält, weil niemand weiß, was er oder sie erhalten wird. Wir möchten das in der Mehrheit der Fälle bezweifeln und es gibt gute Gründe, das Erbe nicht als „Überraschungsei", weder als süßes noch als faules, für die Erben zu gestalten.

Manchmal ist der Gesetzgeber hier schon einen Schritt weiter als die Bevölkerung, die mit den Gesetzen leben muss. Im Erbrecht gibt es die Möglichkeit, einen Erbvertrag aufzusetzen. Dieser Erbvertrag regelt das Erbe verbindlich. Da es ein Vertrag ist, müssen ihn alle Vertragsbeteiligten gelesen und unterschrieben haben. In diesem Fall weiß also jeder, was er oder sie später (oder sofort) einmal erhalten oder nicht erhalten wird. So ein Erbvertrag hat auch Nachteile, da spätere Änderungen nicht so einfach möglich sind wie bei einem Testament oder Nachlass und das Einverständnis aller Vertragsparteien erfordert. Wir wollen uns die Idee und die Vorteile eines Erbvertrags hier zunutze machen. Bei der Vorbereitung eines Erbvertrages muss diskutiert werden, wer was und wie viel erhält.

Hinweis

Auch ohne Erbvertrag kann man dieses Kommunikations-Prinzip anwenden und mit allen Beteiligten diskutieren, wie das Erbe, welches man hinterlassen will, aussehen soll und wer was und wie viel erhält.

Vererben ist als Prozess zu verstehen. Dieser Prozess kann schon früh im Leben beginnen, wenn man etwas hat, das man vererben möchte, spätestens in dem Moment, wenn Erben (z. B. Kinder oder Enkel) hinzukommen. In Fällen von größerem Reichtum muss auch bedacht werden, das Vererben steuerlich sinnvoll zu regeln. Egal, ob man nun sehr reich oder weniger wohlhabend ist, um den Erbprozess zu gestalten, braucht man Zeit.

Abbildung 2 zeigt den klassischen Erbprozess schematisch auf und verdeutlicht auch, wie sich die unterschiedlichen Phasen verteilen. Unter einem „klas-

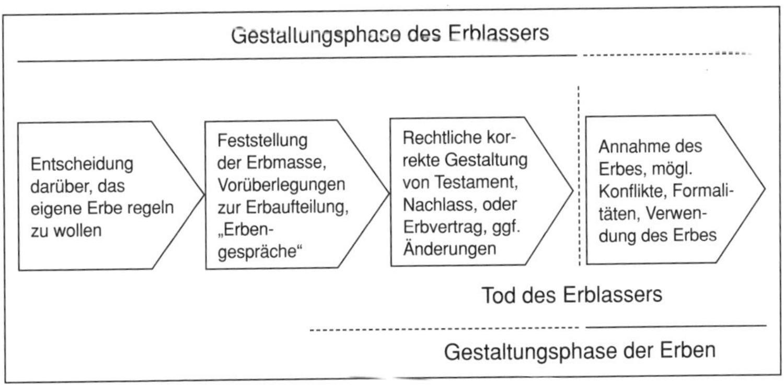

Abbildung 2: Der Verlauf des klassischen Erbprozesses

sischen Erbprozess“ verstehen wir, dass es zuvor keine erbrelevanten Schenkungen gegeben hat. Gegenwärtig wird der klassische Erbprozess, zumeist aus steuerlichen Gründen, immer mehr durch einen moderneren Ablauf ersetzt, in dem schon vor dem Tod der Erblasser Erbanteile an die Erben übertragen werden. Dennoch ist es für das allgemeine Verständnis gut, sich über den klassischen Ablauf im Klaren zu sein.

Die erste Phase des Erbprozesses ist ein ganz individueller Moment. Hier muss sich der Erblasser (oder das Ehepaar bei einem gemeinschaftlichen Testament) darüber im Klaren werden, dass er das eigene Erbe regeln will. Diese Frage ist nicht ganz trivial, da sie unter anderem auch unliebsame Entscheidungen beinhalten kann, beispielsweise, wenn unteilbare Objekte vererbt werden sollen. Vielfach wird deshalb die Erbgestaltung vermieden und verschoben, da man diese Entscheidungen nicht treffen will.

Die zweite Phase betrifft die Antwort auf die Frage, was man eigentlichen vererben will oder kann bzw. was man noch selbst benötigen wird oder veräußern möchte (z. B. Immobilien, Kunst oder Schmuck). Daran angeschlossen gilt es, die Frage zu beantworten oder sich zumindest Gedanken darüber zu machen, wer etwas erben soll. Spätestens in dieser Phase sollte man mit seinen intendierten Erben das Gespräch suchen und deren Präferenzen und Wünsche in Erfahrung bringen.

Die dritte Phase umfasst die Testierung, also die rechtlich korrekte Abfassung des Testaments, des Nachlasses oder des Erbvertrags. In dieser Phase ist es oftmals notwendig, sich ausreichende rechtliche und steuerliche Beratung einzuholen. Es ist nicht so, dass Dinge, die einmal niedergeschrieben wurden, nicht mehr abgeändert werden können. Wir wollen Sie keinesfalls zu dem Typ Erblasser ermutigen, der nach Tageslaune sein Testament verändert und dieses als Druckmittel gegenüber seinen Erben verwendet, aber doch deutlich machen, dass Testamente prinzipiell relevanten Veränderungen entsprechend angepasst werden können. Gerade wenn die Erbphase mittels Schenkungen schon vor dem Tod eingeleitet wurde, sind nachträgliche, größere Veränderungen der Erbaufteilung nur noch schwer gerecht umzusetzen. Irgendwann tritt der Todesfall des Erblassers ein. Hiermit endet auch seine direkte Gestaltungsphase des Erbes. Die wirkt jedoch nach, denn das ist ja gerade der Sinn des Testaments.

In der letzten Phase kommen die Erben ins Spiel. Die Erben können natürlich schon vorher Einfluss auf den Erbprozess gehabt haben, gerade wenn gemeinsam mit dem Erblasser über die Erbaufteilung gesprochen wurde. In der Phase des Erbfalls gilt es nun das Erbe anzunehmen und die rechtlichen Formalitäten abzuwickeln. Oftmals sind Erben überrascht, wie komplex dies heute geregelt ist und dass auch bei einem gültigen Testament das Familiengericht aktiv wird um den Erbschein auszustellen. Erst wenn alle Formalitäten abgeschlossen sind, kann der Erbe sein Erbe auch antreten und verwenden oder verwalten.

5.1 Der „richtige“ Zeitpunkt

Das Motto „Ich gebe es lieber mit der warmen statt mit der kalten Hand“ meint, dass es dem Erblasser lieber ist, sein Erbe zu seinen Lebzeiten gleichmäßig unter den Erben aufzuteilen anstatt dies nach seinem Tode mittels eines Testaments zu tun. Sicherlich ist die Entscheidung, wann ein Erbe vorgenommen wird, zunächst eine rein persönliche Entscheidung. Der Erblasser kann so noch miterleben, wie seine Erben das Erbe einsetzen, wie es ihr Leben beeinflusst. An diese Stelle sollte erwähnt werden, dass mit der derzeitigen zunehmenden Lebenserwartung der Erblasser natürlich auch das Alter der Erben bei einer Vererbung nach dem Tod des Erblassers steigt. Viele 90- bis 100-Jährige vererben dann an ihre 70-jährigen Kinder, die selbst schon im Rentenalter sind. Für viele Erblasser ist gerade dies ein Grund, den Erbprozess vorzuziehen, um den Erben schon dann finanziell unter die Arme greifen zu können, wenn sie es nötig haben und sie nicht erst vom Erbe profitieren zu lassen, wenn sie selbst schon finanziell gut dastehen. In manchen Fällen hat ein kontinuierlicher Erbprozess auch steuerliche Vorteile. Diese sollten allerdings nicht vor den persönlichen stehen.

Vielfach muss sich das Erbe inhaltlich dem Erbrecht und der besten steuerlichen Lösung unterordnen. In der Tat sollte es anders herum ablaufen: Ich muss erst wissen, an wen ich was vererben will, dann muss dafür eine rechtlich und steuerlich einwandfreie Form gefunden werden. Diese Form kann unter Umständen auch die steuerlich „teurere“ Variante sein. Man muss sich dann entscheiden, wie wertvoll einem die Durchsetzung des eigenen letzten Willens ist, auch auf Kosten einer steuerlich teureren Lösung, oder ob auch Kompromisse möglich sind ohne die inhaltliche Idee meiner Erbgestaltung zu kompromittieren.

Natürlich gibt es hierbei auch Ausnahmen, bei denen wir nicht dazu raten würden, dass der Inhalt des Testaments die steuerliche Lösung dominieren soll. Eine davon ist das sogenannte Berliner Testament, eine andere ist die frühzeitige Planung und Beginn des Vererbens, um massive Steuernachteile auszugleichen.

Berliner Testament

Das Berliner Testament ist oft in hohem Maße steuerlich ungünstig, wird aber häufig bevorzugt, weil es dem inhaltlichen Gerechtigkeits- und Versorgungsanspruch sehr nahe kommt. Hier überträgt der zuerst sterbende Ehepartner das gesamte Vermögen an den überlebenden Partner und nach dessen Tod erben die Kinder. Werden dabei die Grenzen der Steuerfreibeträge überschritten, wird so eine Erbfolge unnötig teuer. Zudem ist in einem solchen Fall der Versorgungsbedarf des überlebenden Partners meist ohnehin abgedeckt, sodass ein Teil des Erbes direkt an die Kinder gehen kann, wobei man so in den Freibetragsgrenzen bleibt. Niemand wird so eine Erbfolge als „ungerecht" empfinden, doch in den Köpfen der Menschen hat sich der stufenweise Erbprozess durchgesetzt.

Schenkungen

Die frühzeitige Vererbung in Form von Schenkungen an Kinder und Enkel bietet sich gerade bei größerem Vermögen an, da so Freibetragsgrenzen ideal ausgeschöpft werden können. Auf die genauen Grenzen werden wir hier nicht eingehen, sie unterliegen zu oft der Veränderung. Das Prinzip ist aber einfach erklärt: Anstelle einer Vererbung als Gesamtsumme schenkt beispielsweise ein Großelternteil den Enkeln alle zehn Jahre genau so viel Geld, dass es steuerfrei bleibt. Dabei wird eine Erbengeneration übersprungen, aber man muss davon ausgehen, dass, wenn es um Beträge geht, die sich den Freibetragsgrenzen annähern, so oder so genügend Erbmasse vorhanden ist, um auch die (übersprungene) Kindergeneration zufriedenzustellen.

Allerdings entstehen bei der frühzeitigen Vererbung auch schnell Aufteilungen, die später zu Konflikten führen können. Die Forschung der amerikanischen Ökonomen Thomas Dunn und John Philips (1997) hat in diesem Zusammenhang auf interessante und belangreiche Unterschiede hingewiesen. Sie fanden in Ihrer Analyse des Vererbungsverhaltens von über 800 US-amerikanischen Familien, dass Inter-vivo-Transfers, also Schenkungen von lebenden Erblassern an Erben beispielsweise in Form von Geldgeschenken, eher an ärmere Kinder gegeben wurden, wohingegen die Einkommensunterschiede der Kinder bei späteren testamentarischen Übertragungen keine Rolle spielten. Diese Daten weisen auf eine mögliche Ungerechtigkeitsquelle hin. Wenn „mit der warmen Hand gegeben wird", also Zuwendungen bereits zu Lebzeiten erfolgen, dann haben noch andere Motive und Kontextfaktoren einen Einfluss auf das Schenkungsverhalten der Erblasser. Für die testamentarische Aufteilung werden hingegen eher sogenannte „Equality-Prinzipien" (jeder erhält den gleichen Anteil, siehe Kapitel 8.1) gehandhabt. Allerdings müsste an dieser Stelle frühere Zuwendungen ausgeglichen werden.

Wenn man so früh mit dem Vererben und Schenken beginnt, dann muss man sich darüber im Klaren sein, dass sich die vielleicht anfangs so übersichtlichen Erb- und Familienverhältnisse noch ändern können. Dies lässt sich gut an einem Beispiel erläutern, in dem deutlich wird, dass frühzeitige Schenkungen aus Gründen der Erbschaftssteuer auch in unvorhergesehenen Ungerechtigkeiten enden können.

Beispiel: Die zweite Ehe

Ein sehr wohlhabendes Ehepaar möchte aus steuerlichen Gründen bereits die Enkelgeneration in den Erbprozess mit einbeziehen. Das Ehepaar hat zwei Kinder A und B, und in der Familie von A existieren zwei Enkel X und Y. Die Familie von B ist an dieser Stelle weniger relevant, lassen wir sie daher außen vor. Die Großeltern haben ausgerechnet, dass sie – beide unter Ausnutzung ihrer jeweiligen Freibeträge – von Geburt der Enkel an alle zehn Jahre einen bestimmten Betrag (knapp 200.000 €) verschenken müssen, damit die Enkel ihren Erbanteil dann steuerfrei erhalten, wenn die Großeltern sterben. Das hört sich grausam an, ist aber in diesem Fall das Ergebnis eines recht nüchtern durchdachten Planungsprozesses unter Einbeziehung der eigenen Lebenserwartung. 20 Jahre lang geht der Verschenkungsprozess auch gut, die Enkel erhalten Geld von ihren Großeltern, welches die Eltern treuhänderisch verwalten. Dann trennt sich A von seiner Frau, der Mutter von X und Y, und beginnt eine neue Ehe. Aus dieser Ehe gehen schnell Kinder hervor, die Zwillinge M und N. Die Großeltern haben nun ein massives Problem. Um weitere zwei Enkelkinder ähnlich wie X und Y zu beschenken, reichen ihre Mittel nicht mehr aus, zudem ist aufgrund ihres fortgeschrittenen Alters eine steuergünstige Regelung nicht mehr umsetzbar. Niemandem ist hier ein Vorwurf zu machen. Die Großeltern wollten gerecht sein und steuerlich günstig handeln, die Lebensplanung eines ihrer Kinder hat ihnen aber einen Strich durch die Rechnung gemacht. Das Ergebnis, bei allen Versuchen einer monetären Abfederung, war eine ungerechte Aufteilung des Erbes unter den Enkeln, was den Großeltern das Herz brach.

In diesem Abschnitt haben wir einen Aspekt der Erbplanung betrachtet, der sich mehr um steuerliche Fragestellungen drehte. Es gibt aber auch noch ganz andere Planungs- und Prozessaspekte, die wir im Folgenden darstellen werden.

5.2 Den eigenen Lebensabend mit in die Planung einbeziehen

Eine weitere Konsequenz eines früh gemachten Testaments oder einer früh gemachten Erbfolgeregelung ist, dass es später oft zu Veränderungen kommt. Dabei geht es weniger um Veränderungen der Lebensumstände wie in einem Groschenroman, sondern um den Fall, dass sich Ihre eigenen Lebensumstände geändert haben können. Fast schon klassisch sind Fälle, in denen nach dem Tod eines Erblassers ein 20 Jahre altes Testament auftaucht, welches rechtlich gültig ist, in dem aber auch Dinge vererbt werden, die schon längst nicht mehr im Besitz des Erblassers sind oder Menschen bedacht werden, die bereits vor dem Erblasser gestorben sind. Wenn eine früher sorgfältig bedachte gerechte Aufteilung ins Wanken gerät, ist der Ärger vorprogrammiert.

Ein weiterer Aspekt, der in frühen Erbplanungen mit bedacht werden muss, ist die Absicherung des eigenen Lebensabends. Auch hier gibt es wieder rechtliche Modelle, von Nießbrauch bis hin zu Auflagen der Unterstützung des Erblassers im Pflegefall, aber wir möchten Sie gerade davon überzeugen, sich nicht auf rechtliche Regelungen zu verlassen, sondern sich zunächst selbst zu überlegen, welche Bedürfnisse Sie haben und wie Sie diese Bedürfnisse sichern und erfüllen können. Es geht nicht nur um die materielle Absicherung – das lässt sich rechtlich einfach regeln – sondern vielmehr um die soziale Absicherung, wofür es keine Gesetze gibt.

Es bringt Ihnen wenig, wenn Sie Ihr Erbe früh geregelt haben, aber hierbei Konflikte entstanden sind, die ihrer sozialen, familiären Absicherung im Alter im Wege stehen. Ein typisches Beispiel ist die Überschreibung einer Immobilie an einen Erben und den (späteren) finanziellen Ausgleich an einen anderen Erben (wobei letzterer auch lieber die Immobilie geerbt hätte), was insgesamt ihre eigenen finanziellen Möglichkeiten beschränken kann. In vielen Fällen erklären Erblasser einen Erben schon früh zu Ihrem Haupterben (oft ist das noch das älteste Kind) und erwarten dann auch implizit, dass dieses Kind die Versorgung des Erblassers im Alter übernimmt. Damit legen Sie sich unnötig fest, stoßen andere Erben vor den Kopf und nehmen sich unter Umständen Flexibilität und Chancen für ihre soziale Absicherung und Betreuung. Wir kennen eine Reihe von Beispielen aus unserer Beratungspraxis, wo so eine Erbregelung zu Alterseinsamkeit und Pflegenotständen geführt hat, da der auserkorene Haupterbe (oftmals nicht böswillig) die in ihn oder seine Familie gesetzten Ansprüche nicht erfüllen kann (z. B. weil er aus beruflichen Gründen umziehen muss). Der oder die „enttäuschten" Erben sind dann oft nicht Willens einzuspringen, da die Verletzung wegen der Erbaufteilung einfach zu tief sitzt.

Um so einen Prozess gut gestalten zu können, ist es notwendig, dass Sie eine realistische Einschätzung der sozialen und materiellen Lage ihres Rentenalters haben. Zudem müssen Sie mit Ihren Erben sprechen, ob diese die implizit in sie gesetzten Ansprüche und Erwartungen erfüllen können.

5.3 Ein Testament ist kein Endpunkt

Wir haben mehrfach auf den längeren Prozesscharakter des Vererbens hingewiesen. Dieser Prozess kann in verschiedene Vorbereitungsphasen unterteilt werden. Wir unterscheiden dabei folgende Abschnitte:

1. *Die persönliche Vorbereitung:* In dieser Phase (lesen Sie dazu auch Kapitel 2) sollten Sie für sich zu der Entscheidung kommen, dass Sie Ihr Erbe gestalten wollen. In einem zweiten Schritt geht es dann um die innere Auseinandersetzung, wie Sie Ihr Erbe gestalten wollen. Unterschätzen Sie nicht die Konflikte und Unsicherheiten, die damit verbunden sein können. Sie müssen in dieser Phase übrigens noch nicht zu einem endgültigen Ergebnis kommen, dies kann auch erst nach der zweiten Phase eintreten (und sich in der vierten Phase auch wieder ändern, so paradox das klingen mag!).
2. *Die Auseinandersetzung mit anderen:* Hier geht es um zwei Ebenen:
   a) Die erste Ebene betrifft, falls das für Ihre Situation zutreffend ist, die Auseinandersetzung mit dem Partner im Falle eines gemeinsamen Testaments. Im Prinzip ist das die Wiederholung von Phase 1, nur eben zu zweit. Auch wenn Sie zusammen ein Testament verfassen wollen, raten wir Ihnen, sich zunächst getrennt voneinander Gedanken zu machen (d. h., Phase 1 zu durchlaufen). So können Sie unbeeinflusst voneinander feststellen, ob und wo Divergenzen bestehen.
   b) Auf der zweiten Ebene in dieser Phase geht es um die Kommunikation mit Ihren Erben über ihre Vorstellung über die Erbaufteilung. Hier erhalten Sie Feedback über Ihre Vorstellungen. Es können aber auch Konflikte ganz offen zu Tage treten. Gegebenenfalls haben Sie in dieser Phase moderierende oder vermittelnde Unterstützung von außen nötig.
3. *Die Anfertigung des Testaments:* Ein Testament ist nicht an einem Tag geschrieben. Sie müssen eine Reihe von Schritten durchlaufen, um Ihr Erbe zu bestimmen (siehe dazu auch Kapitel 6) und steuerliche Informationen und rechtliche Beratung einholen. Gehen Sie davon aus, dass eine gründliche und rechtlich gültige Anfertigung eines Testaments bis zu einem Jahr dauern kann, gerade wenn notarielle Klärungen über Eigentumsverhältnisse oder andere rechtliche Vorbereitungen notwendig sind.

4. *Die Reflexions- und Anpassungsphasen:* Diese Phase kommt für die meisten Menschen überraschend. Viele denken, dass es sich mit dem Thema erledigt hat, wenn das Testament einmal geschrieben ist. Dem ist aber nicht so. Sie werden mit großer Wahrscheinlichkeit sogenannte „Nachentscheidungsdissonanzen“ erleben. Darunter versteht man Zweifel und Überlegungen, ob die getroffenen Entscheidungen wirklich richtig waren oder ob andere Alternativen vielleicht doch besser gewesen wären. Solche Dissonanzen sind im Übrigen normal. Jeder Mensch kann sie bei wichtigen Entscheidungen erleben. Sie können regelmäßig auftreten, gerade dann, wenn sich relevante Merkmale oder Verhaltensweisen von Erben, die für Ihre Entscheidung von Bedeutung waren, sich ändern oder geändert haben.

Gerade die letzte Phase birgt großes Risiko- und Konfliktpotenzial. Wenn das eigene Testament einmal geschrieben ist und die Aufteilung in groben Linien oder im Detail unter den Erben bekannt ist, kann es dazu kommen, dass man Sie umstimmen möchte, dass man Sie zu einer Änderung des Testaments bewegen will. Je größer Ihre eigenen Nachentscheidungsdissonanzen sind, desto anfälliger sind Sie für solche Anliegen. Solche Änderungen, die meist eher heimlich und nicht erbenöffentlich geschehen, sind fast immer Garantien für Erbenkonflikte aller Art. Versuchen Sie dem Druck zu widerstehen und überlegen Sie, wie Sie gemeinsam eine für alle Beteiligten akzeptable Lösung erreichen können. Sonst gibt es vielfach Ping-Pong-Testamente: Je nach Einflusskontext, welches Erben auch immer, verfasst ein Erblasser neue handschriftliche, datierte Testamente – am Ende „gewinnt“ dann der Erbe, der als letzter Einfluss auf den Erblasser ausüben konnte und das aktuellste Dokument in den Händen hält. Vielleicht erzeugt so etwas einen „Sieg nach Punkten“, stolz kann man allerdings nicht darauf sein und die Familien sind nachhaltig zerstört.

Wenn Sie Ihr Testament ändern wollen, dann prüfen Sie sich gut. Manche Änderungsimpulse bleiben spontane Intentionen und das Bedürfnis schwächt sich nach einer gewissen Zeit ab. Beispielsweise können sich neue Lebenspartner oder Lebenspartnerinnen von Kindern nach einer Zeit durchaus zu liebevollen, wertgeschätzten Schwiegerkindern entwickeln und man muss nicht sofort das Testament ändern, um sie vom Erbe auszuschließen. Nachträgliche Änderungen von Testamenten sind unter Umständen notwendig, wenn sich relevante Verschiebungen in Ihrer Erbmasse ergeben, beispielsweise wenn Sie ein Objekt oder eine Immobilie verkaufen und somit gar nicht mehr vererben können. Dann müssen Sie Ihr Testament ändern, sonst kommt es zu Ungerechtigkeiten in der Aufteilung Ihres Erbes. Sie müssen übrigens Ihr Testament nicht ändern, wenn einer Ihrer Erben verstirbt. An seiner Stelle treten dann dessen Erben ein. Problematisch wird es nur bei zirkulären Erbschaften, d. h. Sie vererben an ein Kind, welches leider schon vor Ihnen verstorben ist, und Sie sind selbst wieder Erbe dieses Kindes. Bei einer solchen Konstellation sollten Sie Ihr Erbe anpassen.

Aufgabe: Das Leben planen

Wenn Sie die Überschrift zu dieser Aufgabe lesen, dann werden Sie vielleicht schmunzeln und sagen: „Ich kann doch nicht hellsehen!" Dennoch sind Sie wahrscheinlich in der Lage, eine gewisse Vorausschau auf Ihr eigenes Leben und das Ihrer Erben zu haben. Versuchen Sie einmal folgende Fragen zu beantworten:

1. *Was wird sicher oder sicher nicht mehr passieren?* Damit meinen wir nicht Lottogewinne, sondern vielmehr Fragen wie Arbeitsplatzsicherheit, zu erwartende Kosten (z. B. Ablösung von Krediten, Ausbildungskosten etc.), vorhersehbare Krankheiten auf der Basis von bestehenden Vorerkrankungen. Beantworten Sie diese Frage für sich, aber auch für Ihre Erben. Ein Beispiel für eine Kostenplanung zeigt Abbildung 3.
2. *Wie beeinflusst dies Ihre Planung?* Machen Sie sich Gedanken, welche Wechselwirkungen es geben kann. Wer wird wie viel Geld, aber auch Zeit für wen haben?
3. *Welche Beschränkungen gibt es?* Hier sollten Sie Fragen beantworten, die sich um Wohnortnähe, Wohnsituation und andere fundamentale Aspekte drehen.

Nehmen Sie die Antworten auf diese drei Fragen und versuchen Sie, daraus realistische Szenarien zu entwickeln. Zu welchem Ergebnis kommen Sie? Was für ein Gefühl haben Sie dabei? Überlegen Sie sich, welche Auswirkungen ein bestimmtes Szenario auf Ihren Erbprozess haben kann, z. B. ein unsicherer Geldbedarf für die eigene Alterssicherung, der ein vorzeitiges Vererben und Schenken an Kinder und Enkel nicht möglich macht.

Zu erwartende Kosten:	
Kreditablösung Haus	€ 75.000,00
Unterstützung Studium Sohn Michael	
12 x 1.000,00 = 12.000,00, ca. 3 Jahre	€ 36.000,00
Umbau Bad	€ 19.000,00

Abbildung 3: Beispiel für eine Auflistung von zu erwartenden Kosten im weiteren Lebenslauf

Aufgabe: Das Erbe definieren

Machen Sie sich eine Aufstellung dessen, was Sie Vererben wollen. Denken Sie dabei auch an Schulden oder andere Verbindlichkeiten, die Sie vermutlich nicht vererben wollen, die aber unter Umständen das Erbe vollkommen auffressen können. Mit oder ohne Schulden, hier ist es sicher geboten, mit einem Rechtsanwalt oder Steuerberater zu sprechen. Aus einem solchen Gespräch und der jeweils gültigen Steuer- und Rechtslage entsteht eine Art Fahrplan Ihres Erbes.

Zu Ihrem Erbe gehören materielle Werte und Gegenstände aller Art. Dies kann Bargeld, Geldanlagen, Schmuck, andere Wertgegenstände und Immobilien sein, aber auch Kunstsammlungen oder Objekte aller Art. In Abbildung 4 sehen Sie, wie eine solche Aufstellung aussehen kann.

Definition Erbe

① Was habe ich?	② Wert (Schätzung) Stichtag 01.01.2012
– Geld: Festgeld	20.000,00
Sparkonten	35.000,00
Aktien	95.000,00
– Immobilien: Eigentumswohnung	285.000,00 (Wergutachten erstellen lassen)
– Wertgegenstände:	
– Bild Chagall	12.000,00
– Schmuck: Goldene Taschenuhr	40.000,00
– Meissen Geschirr 12-teilig	6.800,00
– Sammlung alte Spielzeugautos	1.800,00

Abbildung 4: So könnte eine Aufstellung des Erbes aussehen

Berücksichtigen Sie dabei diese zwei Punkte:

1. *Machen Sie sich auch Gedanken darüber, wie viel Sie von Ihrem Erbe vermutlich selbst noch brauchen werden.* Es bringt nichts, sich zu einem Stichtag reich zu rechnen, darüber die Erbplanung aufzubauen, und dabei zu vergessen, dass Sie einen Teil dieser Summe in der nächsten Zeit selbst noch verbrauchen werden, z. B. für Reisen, Kunst, Hobbys und für Ihre eigene Versorgung im Alter, z. B. Pflege.
2. *Bewerten Sie Ihr Erbe realistisch.* Immer wieder schätzen Erblasser den Wert Ihres Erbes falsch ein. Es lassen sich hier mannigfaltige Beispiele nennen: Immobilien können auch an Wert verloren haben, ein Innenausbau nach Ihren Wünschen kann an den marktüblichen Merkmalen weit vorbei gehen, sodass ein teurer Umbau nötig ist, bevor ein Verkauf möglich wird. Eine Kronkorkensammlung aus aller Herren Länder mag Ihnen am Herzen liegen, und vielleicht haben Sie für den Aufbau auch viel Geld investiert, sie erzielt aber letztendlich

nur einen Liebhaberwert. Dies sind nur zwei Beispiele, die zu Fehlbewertungen führen können. Solche Fehlbewertungen sind zunächst unproblematisch, können aber zu Konflikten führen, wenn die Kronkorkensammlung im geschätzten Wert mit Barvermögen gleichgesetzt wird. Auch wenn das jetzt widersprüchlich klingen mag: In manchen Fällen kann aber auch eine sprichwörtliche Kronkorkensammlung in den Augen anderer Gold wert sein. Dies ist dann der Fall, wenn ein Erbe einen besonderen persönlichen Wert mit einem Objekt verknüpft, der nicht in Geld aufzuwiegen ist. Lesen Sie zu diesem Thema auch das nächste Kapitel.

6 Der Wert von Erbobjekten: Materielle vs. psychologische Gesichtspunkte

Der Wert von Erbsachen ist eine dynamische Angelegenheit. Damit meinen wir nicht die möglichen Wertschwankungen von Aktien oder Immobilien, sondern die Trennung von monetärem Wert und psychologischem Wert:

1. *Der monetäre oder materielle Wert:* Objekte, die einen monetären oder materiellen Wert haben, werden meist durch externe Faktoren in diesem Wert bestimmt, er ist die Grundlage für die Eintauschbarkeit. Der Markt (sei es für Immobilien, Kunst oder Schmuck) bestimmt hier den Wert einer Sache (selbst der Wert des Geldes wird durch solche Marktgesetze bestimmt) und wir benützen diese Bewertung für unsere Einschätzung, wie vermögend wir oder andere sind.
2. *Der psychologische Wert:* Der psychologische Wert einer Sache ist vom monetären Wert unabhängig. Vollkommen wertlose Dinge können für einen Menschen höchst wertvoll sein. Denken Sie an die Schätze der Kinder in Hosentaschen, Blechdosen oder ähnlichen Orten – meist sind es relativ wertlose Objekte, die aber psychologisch hoch aufgeladen sind und deren Verlust bittere Tränen kosten würde. Es ist auch möglich, dass wertvolle Dinge, z. B. eine goldene Uhr, psychologisch noch wertvoller werden, weil sie „aufgeladen“ sind und eine zweite Bedeutungsebene haben, weil die Uhr z. B. vom Vater geschenkt wurde. Deshalb würde man sie nie verkaufen, weil der psychologische Wert unbezahlbar ist.

Neben der Tatsache, dass es zwei Wertesysteme gibt, spielt die Austauschbeziehung zwischen diesen Wertesystemen eine Rolle. Diese Austauschbeziehung ist allerdings nicht stabil, kaum vorhersagbar und individuell sehr verschieden. Deshalb lässt sich nicht vorhersagen, wie sie sich entwickeln und daher können wir an dieser Stelle keine Empfehlungen für den Umgang damit geben.

6.1 Können materielle und persönliche Wertgegenstände gegeneinander ausgetauscht werden?

Welche Wechselwirkungen bestehen zwischen den beiden Systemen der materiell und persönlich wertvollen Objekte? Teilweise können sie einander substituieren, also ersetzen, manchmal geht das nicht. In besonderen Fällen ist eine Substitution zunächst einmal nicht, zu einem späteren Zeitpunkt aber doch noch möglich.

Geld für Zeit

Häufig versuchen Menschen mangelnde Zeit, die sie für andere haben, durch materielle Kompensation auszugleichen. In beschränktem Maße kann dies auch gelingen. Wer keine Zeit hat Freunden beim Umzug zu helfen, aber stattdessen Umzugshelfer bezahlt, der kann Zeit durch Geld sinnvoll substituieren. Der Umzug geht in beiden Fällen gut von statten. Vielleicht ist er nur im zweiten Fall etwas weniger lustig und schweißt die Freundschaft nicht weiter zusammen („Weißt du noch, wie wir damals …“). In anderen Fällen, insbesondere wenn es um die Qualität der Zeit geht, oder sich der Kontext, in dem Zeit durch Geld substituiert wird, wiederholt, wirkt die Kompensation aber nicht mehr. Der Kompensierte erkennt dies zu Beginn meist nicht und erfreut sich an den Geschenken, Aufmerksamkeiten und Zuwendungen. Zieht sich so ein Substitutionsversuch über eine längere Phase hin, wird er immer weniger wirksam. Die Spirale des Geldes ist endlich, weist aber je nach den finanziellen Möglichkeiten einen weiten Spielraum auf. Eltern, aber auch Erblasser, tappen oft in diese Falle und versuchen nicht vorhandene Zeit, die sie mit ihren Kindern oder Erben hätten verbringen könnten, mit Geld zu kompensieren. Geld wirkt nur höchst selten als Wiedergutmachung für mangelnde Zeit und Zuneigung. Erlebt ein Erblasser (oder auch ein Erbe) ein Defizit an gemeinsam verbrachter Zeit oder Zuwendung, dann kommt vielfach der Kompensationsgedanke auf, der mit Geld befriedigt werden soll. Dies gelingt jedoch nicht oft. Geld kann man nicht essen, und es vermittelt auch schlussendlich keine Liebe. Die Defizite bleiben vielfach bestehen und bieten die Basis für Konflikte.

Objekt statt Geld

Eine andere Substitutionsform ist Geld durch Objekte zu ersetzen oder andersherum. Hier sind Substitutionen eher möglich, wenn eine Bewertungsgrundlage einen gleichwertigen Ausgleich, eine Verrechnung möglich macht. Scheitern kann so eine Substitution, wenn der Objektwert nicht eindeutig festgestellt werden kann. Dies kann an subjektiv unterschiedlichen Bewertungen liegen oder daran, dass der Objektwert einer schwer planbaren Veränderung unterliegt. Eine weitere Hürde ist das Merkmal der Einmaligkeit von Objekten. Ein Diamantring kann vermutlich genau mit einem Wert taxiert werden, nur mit dem Geld lässt sich eben genau dieser Diamantring (das Erbstück seit Generationen) nicht mehr erzeugen. Es hängen Qualitäten an ihm, die unbezahlbar sind. Hier spielt die Psychologie des Wertes eine entscheidende Rolle.

6.2 Die Psychologie des Wertes

Wenn wir an der Universität in Amsterdam Studien mit Versuchpersonen durchführen, dann bekommen die Teilnehmer einen Geldbetrag als Teilnahmevergütung. Man kann damit nicht reich werden, aber für eine Studie, die etwa eine Stunde dauert, bekommt man derzeit 7 €. Als zusätzlichen Anreiz geben wir oft kleine Süßigkeiten, wie Schokoriegel, dazu. Irgendwann ging uns das abgezählte Geld für Versuchspersonen aus und es waren nur noch Schokoriegel da. Interessanterweise kamen die Versuchspersonen weiterhin und waren auch bereit, an der Studie eine Stunde lang mitzuwirken, auch wenn sie am Ende nur einen Schokoriegel bekamen. Wir haben die Teilnehmer dann gefragt, warum sie auf 7 € verzichten und nur für einen Schokoriegel im Wert von etwa 1 € mitmachen. Die Antworten waren erstaunlich. Die Schokoriegel waren in den Augen der Teilnehmer gleich viel wert wie 7 €. Ein Teilnehmer sagte wörtlich: „Ich kaufe mir eh nie etwas Süßes, und dieser Schokoriegel schmeckt wie meine Kindheit", und verdeutlicht damit ein Prinzip des relatives Wertes. Die 7 € können die Kindheit nicht zurückbringen, der weit günstigere Schokoriegel schon. Das ist unbezahlbar.

Was haben nun Schokoriegel mit Erben zu tun? Auf den ersten Blick wenig, aber auf den zweiten Blick verdeutlichen sie ein weit verbreitetes Prinzip. Der Wert eines Objekts ist nicht absolut, sondern relativ und abhängig von der Sichtweise des Empfängers. Und dieser relative Wert von Objekten wirkt auch im Erbfall.

Menschen bewerten Objekte unterschiedlich. Was für den einen wertlos ist, stellt für den anderen einen Erinnerungsschatz dar, den man nicht mit Geld aufwiegen kann. Oftmals sind es gerade Erinnerungen, die an sich wertlose oder weniger wertvolle Objekte so wertvoll machen und sie praktisch mit Gold aufwiegen können. Dabei ist zu beachten, dass häufig der andere den Wert eines aus seiner Sicht „wertlosen" Objektes für den anderen nicht erkennen kann. Die Erinnerungen gehören immer nur einem selbst. Dies ist ein Glücksfall, denn er ermöglicht es vielfach, dass jeder sein Erinnerungsstück – beispielsweise bei Wohnungsauflösungen – erhalten kann, ohne dass Streit darüber ausbricht. Dennoch ist es möglich, dass auch Erinnerungen geteilt werden und somit kaum nachvollziehbare Streitereien über an sich „wertlose" Objekte entstehen können.

Leider ist diese subjektive Bewertung von Objekten zeitlich nicht stabil und kann sich verändern. Diese Veränderung ist in beide Richtungen möglich. Ursprünglich als wertvoll angesehene Objekte können an persönlichem Wert verlieren und andere an Wert gewinnen. Ein typischer Streitfall auf diesem Gebiet tritt häufig nach der Auflösung von Wohnungen ein. Sammeltassen, Teddybären und Schaukelstühle, kurzum Alltagsgegenstände, erfahren im Erbfall oft eine massive Aufwertung, sie werden zu Erinnerungsstücken, die jenseits aller monetären Werte liegen. Schmuck ist ein Sonderfall. Er ist oft zusätzlich noch wertvoll, aber auch nicht teilbar und stark emotional belegt. Da alle diese Objekte selten teilbar sind, werden sie oft zu Streitobjekten. Die Problematik wird doppelt verstärkt, da solche Objekte (vielleicht mit Ausnahme von Schmuck) in den seltensten Fällen in Testamenten genannt werden, weil der Erblasser sich in den wenigsten Fällen darüber im Klaren ist, wer besonders an einem Stück hängt und es gerne erben möchte.

6.3 Wer soll was bekommen? Wer will was?

Für viele Menschen sind Objekte und materielle Dinge unterschiedlich wertvoll. Wenn Sie um diese Unterschiede bei Ihren Erben wissen und von diesem Gebrauch machen, gestalten Sie sicher ein glücklicheres Erbe. Oftmals entstehen daraus auf den ersten Blick recht „ungleiche" Aufteilungen. Wenn solche gewünscht sind und von allen Erben gut geheißen werden, dann ist hier aus psychologischer Sicht nichts einzuwenden. Wenn hierüber allerdings kein Konsens besteht, dann sind solche Aufteilungen vielfach eine große Hürde auf dem Weg zu einem harmonischen Erbe. In vielen Fällen werden monetäre Werte mit symbolisch aufgeladenen Objekten gleichgesetzt oder es geht um unteilbare Objekte oder den Qualitätsverlust einer Sache, der durch die notwendige Teilbarkeit entsteht. Das klingt vielleicht etwas abstrakt, wird aber mit den folgenden Beispielen sicherlich deutlicher.

Beispiel: Meißener Porzellan vs. Alltagsgeschirr vs. Schaukelstuhl

Nach dem Tod der Großeltern beschließen die drei Kinder, dass jedes der Kinder und Enkelkinder noch einmal in die Wohnung gehen und Erinnerungsstücke mitnehmen darf. Aus Gründen der Koordination, aber wohl auch nicht ganz ohne Hintergedanken, geht die Familie der ältesten Tochter zuerst in die Wohnung, die Kinder der beiden jüngeren Geschwister gehen als letzte. Sie finden eine weitgehend leere Wohnung vor – sind aber überglücklich, dass „ihre" Erinnerungstücke noch zurückgelassen wurden: das Alltagsgeschirr, von dem immer bei Oma und Opa gegessen wurde. Die Familie der ältesten Tochter hatte das Meißen-Service gewollt, was sie auch bekommen hatte. Die Aufteilung des abgestoßenen Geschirrs mit dem verwaschenen Goldrand stellt nun allerdings ein größeres Problem dar: Wer soll die Suppenteller bekommen? Ist eine Aufteilung überhaupt sinnvoll? Glücklicherweise lässt sich der Zwist lösen, denn das Alltagsgeschirr ist für die Enkel gleichwertig mit dem alten Schaukelstuhl von Oma, so dass eine zufriedenstellende Aufteilung erfolgen kann.

Dies ist ein Beispiel in dem – steuerlich auch nicht ganz korrekt – ein Konsens darüber besteht, dass abgestoßenes Alltagsgeschirr genauso viel Wert ist wie ein Service von Meißen. Objektiv betrachtet ist dies sicher nicht der Fall, subjektiv, unter Einbeziehung des symbolischen Wertes, ist das Alltagsgeschirr aber damit gleichwertig, wie auch der Schaukelstuhl. Der Wert der letzten beiden Objekte entsteht durch die Erinnerung an die Großeltern, er haftet ihnen an und ist nicht mit Geld aufzuwiegen.

Beispiel: Das Familiensiegel

Eine Familie aus Pommern hatte auf der Flucht nach dem Zweiten Weltkrieg wenig aus der alten Heimat retten können. Neben einigen Fotografien des Gutshofes war das Familiensiegel das einzige Erinnerungsstück an die Familiengeschichte aus der Vorkriegszeit. Um das Siegel ranken sich stundenlange Geschichten über Verlust, Tauschhandel und Bewahrung während der Flucht. Unter den zwei Töchtern aus erster Ehe und dem Sohn aus zweiter Ehe entwickelt sich schon vor dem Tod ihres Vaters aus der Ungewissheit darüber, wer das Familienerbstück erhalten sollte, ein handfester Streit. Lösbar ist so etwas nicht auf der direkten Ebene des Objekts. Das Familiensiegel ist nun einmal nicht teilbar und kann in diesem Fall immer nur zwei enttäuschte Erben hinterlassen. Der Vater erkennt diese Situation nach einem Beratungsgespräch und verfolgt folgende Lösung: Ohne das kritische Objekt zu erwähnen macht er den Kindern deutlich, dass ihm die Einhaltung seines letzten Willens eine Herzensangelegenheit sei und dass er dafür einen Nachlassverwalter einsetzen würde. Die Kinder akzeptierten dies. Um die von ihm erwarteten Verlustgefühle bei den anderen Kindern (der jüngste Sohn sollte das Siegel erben) auszugleichen, entscheidet sich der Vater dafür, in den ihm verbleibenden Lebensjahren seine Töchter aus erster Ehe enger an sich zu binden und ihnen seine Liebe und Zuneigung zu versichern. Die Lösung funktioniert; die Kinder akzeptierten den Willen ihres Vaters und die Töchter können sich dem ansonsten gerecht aufgeteilten Erbe ohne Bitterkeit fügen.

Solch ein Siegel, wie auch andere seit Jahrhunderten in Familienbesitz befindliche Objekte, wie Häuser, Bücher oder auch die Schrotflinte der Ururgroßvaters, stellen oft kritische Stücke in einem Erbe dar, da sie weder teilbar noch symbolisch ausgleichbar sind. Mit dem Erbe an eine bestimmte Person werden andere Angehörige enttäuscht. In so einem Fall sind ausgleichende Symbolhandlungen auf einer anderen Ebene nötig. Dazu muss man den Kontext des Erbes verlassen und eine Ebene finden, auf der „gleichwertige“ Handlungen möglich sind. Die mag schwierig klingen, ist aber häufig einfach. Jeder Mensch hat in Bezug auf einen anderen Menschen gemeinsame Tätigkeiten, Erfahrungen und Gemeinsamkeiten, die, wenn sie verstärkt zusammen ausgeübt werden, einen hohen Kompensationscharakter haben. Im Englischen nennt man dies auch „quality time“, also miteinander verbrachte Zeit, die nicht mit Gold aufzuwiegen ist. Lassen sich solche Lösungen nicht finden, gibt es noch andere

Alternativen. Vielleicht ist es möglich, eine Erbengeneration zu überspringen und einen Erben zu benennen, der oder die nicht Teil des (Geschwister-)Zwists ist. Oder Sie müssen ihre Erben davon überzeugen, dass es Ihr Wille ist, der zu akzeptieren sei. Mit einer solchen Forderung verlangen Sie möglicherweise viel von Ihren Angehörigen. Dies gilt besonders, wenn das unteilbare Objekt der Begierde symbolhaft für etwas ganz anderes steht, beispielsweise für fehlende Anerkennung, Zuneigung und Liebe, also Kompensationsfunktionen hat (lesen Sie dazu auch das Kapitel 9 zu Erbkonflikten).

6.4 Weitere Einflüsse auf die Erbschaftsaufteilung

Die Aufteilung des Erbes unterliegt auch noch anderen Einflüssen. Als Erblasser macht man sich beispielsweise Gedanken darüber, wie die Erben mit der Erbschaft umgehen werden und ob das Erbe sinnvoll und gut bei ihnen aufgehoben ist. Solche Planspiele scheinen vielen Erblassern bei der Entscheidung zu helfen, wer etwas und wenn ja, wie viel bekommt. Die Überwindung, die Verantwortung für das Erbe den Erben zu überlassen, ist groß. Dabei ist zu unterscheiden, ob es sich um materielle oder eher psychologisch wertvolle Güter handelt.

Objekte mit persönlichem Wert

Für primär psychologisch wertvolle Güter steht für Erblasser im Vordergrund, ob der Erbe diese Bewertung teilt oder nicht. Solche Güter können auch einen nicht unerheblichen materiellen Wert haben, aber dieser steht weniger im Vordergrund. Ein typisches Beispiel für psychologische wertvolle Objekte sind Sammlungen aller Art, von alten Kochbüchern bis hin zu Modellautos, oder umfangreiche Hobbies, z. B. eine Pferdezucht. Wenn ein Erblasser und ein Erbe die Begeisterung für diese Objekte teilen, entstehen kaum Probleme. Kann sich der Erblasser aber nicht sicher sein, ob der Erbe die von ihm gesammelten Güter entsprechend wertschätzt, so entstehen oft größere Zweifel über die richtige Erbaufteilung. Wer führt mein Erbe in meinem Sinne weiter? Oft hilft es in solchen Fällen, Erben außerhalb des engeren Erbenkreises, d. h. jenseits der eigenen Kernfamilie, zu suchen und mit diesen eine Weiterführung zu vereinbaren. Handelt es sich um auch materiell substanzielle Güter, bietet sich der Abschluss von Erbverträgen an. In einem solchen

Vertrag können Haupterben dann bereits auf diese Erbteile verzichten und es wird eine Übertragung der Güter als Ganzes, ohne Ausgleichszahlungen, ermöglicht.

Wie gehen die Erben mit dem Erbe um?

Im Kontext von materiellen Gütern geht es hauptsächlich darum, dass das vererbte oder verschenkte Geld nicht verprasst, sondern gut angelegt wird. Viele Erblasser wollen nicht, dass ihr mühsam erarbeitetes Geld in kurzer Zeit „durch den Schornstein verraucht". Was als gut angelegt gilt, kann deutlich zwischen Erblasser und Erbe variieren. Vielfach teilen gerade ältere Erblasser die Nutzungsintentionen Ihrer Erben nicht. Beispielsweise versuchte eine Mutter ihre Tochter so weit wie möglich vom Erbe auszuschließen, da sie wusste, dass die Tochter das ererbte Geld in einer Reihe von Schönheitsoperationen „anlegen" wollte, was die Mutter nicht tolerieren konnte. Es ist schwer, hier eine moralische Entscheidung zu treffen. Einerseits ist es das Recht des Erblassers, das Erbe so aufzuteilen wie er möchte. Andererseits ist ein Erbausschluss (oder in diesem Fall eine Reduktion auf den Pflichtteil) aufgrund der Missbilligung einer Lebensstilfrage des Erben eine weitreichende Entscheidung, deren Konsequenzen man als Erblasser und Erbe tragen muss. In diesem Fall gerieten Mutter und Tochter in einen jahrelangen Streit, die nie wieder richtig gelöst werden konnte. Als Erblasser muss man gut abwägen, wie weit die eigenen Einstellungen und Werte bestimmend für die Bewertung der Erbverwendung durch die Erben sein sollen.

Nicht nur die Art und Weise, in der Erben mit ihrem Erbanteil umgehen, ist vielfach von Interesse für Erblasser. Es gibt grundlegende psychologische Prozesse, z. B. Risikofreudigkeit, die die Verwendung des Erbes seitens der Erben beeinflussen. In einer Reihe von Studien in Deutschland und den Niederlanden haben wir in unserer Forschungsgruppe untersucht, welchen Einfluss der Verwandtschaftsgrad und Merkmale des Erblassers auf die Risikobereitschaft der Erben haben, wenn sie mit ihrem Erbe umgehen. Der Einfachheit halber haben wir uns in den Studien darauf beschränkt zu testen, wie Erben ererbtes Geld anlegen und wie risikoreich sie dabei handeln, beispielsweise wie viel Geld sie zu verlieren bereit sind. Die Ergebnisse zeigen über alle Studien hinweg, dass die Risikobereitschaft mit zunehmendem Verwandtschaftsgrad steigt. Ein weiterer Einflussfaktor ist, ob der Erblasser vermögend war oder nicht. Die Planbarkeit des Erbes hingegen hat keinen Einfluss auf die Risikobereitschaft. Ein Beispiel: Bei ererbtem Geld eines lebenslang vermögenden Onkels ist man bereit, bis zu 40 % der angelegten Summe zu verlieren, bei ererbtem Geld der eigenen Eltern liegt dieser Prozentsatz bei unter 5 % und damit auf dem Niveau von selbst erarbeitetem, gespartem Geld.

Sicherlich gibt es Fälle, in denen ein steuernder Eingriff sinnvoll ist und Einfluss auf die Erbaufteilung haben sollte. Überwiegend sind wir aber der Meinung, dass der Erblasser wenig Rechte hat, einem Erben aus so einer Erwartungshaltung heraus das Erbe zu verweigern oder entsprechend anzupassen.

Konflikte über die Erbschaftsaufteilung

Die Erbaufteilung wird ganz zentral vom Verwandtschaftsgrad bestimmt. Aber auch das Verhalten der Erben spielt eine entscheidende Rolle. Der deutsche Psychologie Bernd Bossong und seine Kollegen haben in einer Reihe von empirischen Studien (1999, 2004) untersucht, wie sich Verwandtschaftsgrad und Beiträge des Erbens auf die Erbaufteilung auswirken. Unter „Beiträgen" verstehen Bossong und seine Kollegen das Verhalten der Erben in Bezug auf den Erblasser, also ob sie ihm geschadet oder Hilfe verweigert haben. Beiträge können aber auch durch Sympathie oder (un)moralisches Verhalten des Erben bestimmt sein, beides aus der Sicht des Erblassers. Die Ergebnisse dieser Studien zeigen, dass der Einfluss von Beiträgen auf die Erbaufteilung mit der verwandtschaftlichen Distanz zunimmt. Auf der Ebene der eigenen Kinder sind die Effekte noch relativ gering, bei Nichten oder Neffen werden sie sehr deutlich. Das bedeutet, dass weiter entfernte Verwandte, die dem Erblasser Beiträge zukommen lassen, stärker bei der Erbaufteilung berücksichtigt werden. Allerdings werden diese Effekte durch bestimmte Eigenschaften des Erblassers beeinflusst: Entweder erhält die Bedeutung der Verwandtschaft einen höheren Stellenwert als die Beiträge oder umgekehrt. Gerade dann, wenn es dem Erblasser wichtig ist, Beiträge (wie Zuwendung oder ein bestimmtes Verhalten) zu erhalten, er also eine hohe Beitragsorientierung hat, haben diese ein stärkeres Gewicht für die Erbaufteilung als der reine Verwandtschaftsgrad.

In einer weiteren Studie testete Bossong, ob die Mortalitätssalienz (siehe hierzu den Kasten zur Terror-Management-Theorie in Kapitel 2) einen Einfluss auf die Erbaufteilung hat, wenn negative Beiträge (unmoralisches Verhalten des Erben) vorliegen. Hier hat das Alter einen entscheidenden Einfluss. Jüngere Versuchsteilnehmer strafen die unmoralischen Erben stärker als ältere Versuchsteilnehmer. Die Sterblichkeitssalienz betont also eher die verwandtschaftlichen Beziehungen und verringert den negativen Einfluss des unmoralischen Verhaltens auf das Erbe. Die Menschen werden im Angesicht des Todes altersmilde und vergeben eher.

Insgesamt zeigen die Studien von Bossong, dass die Effekte von Beiträgen seitens der Erben stärker bei weiter entfernten Verwandten wirken als bei nahen Verwandten. Ebenso sind diese Effekte stärker bei männlichen als bei weiblichen Erben und die Effekte nehmen insgesamt mit dem Alter des Erblassers ab.

7 Über das Erbe sprechen

Überraschenderweise wird über das Erbe oder den Erbprozess nur wenig gesprochen. Im Freundeskreis hört man schon mal die Aussage „Ich habe gerade mein Testament gemacht“. Das führt häufig zu betretenem Schweigen, bis einer versucht einen Witz zu reißen, dass man dem Tod ja geradezu ins Auge sehen würde (oder Ähnliches). Wenn die Freunde wieder auseinandergehen, bleibt entweder der Gedanke hängen, dass man ja auch mal sein Testament machen müsste (was meistens schnell wieder verdrängt wird) oder das gute Gefühl, dass man dem Freund ja einen Schritt voraus ist, weil das eigene Testament bereits gemacht ist. Es ist unbestritten schwer, mit anderen Menschen, Beteiligten wie Unbeteiligten, über das eigene Erbe zu sprechen. Das Gespräch zu suchen ist aber sehr sinnvoll. Es gibt drei Hürden, die dem im Wege stehen. Alle haben damit zu tun, dass das Vererben als ein hoch privater Akt angesehen wird.

1. *Vertrauen:* Die erste Hürde ist zu entscheiden, wem ich vertrauen kann und vertrauen will.
2. *Offenlegung:* Die zweite Hürde stellt die Bereitschaft dar, die materielle, aber auch familiäre Situation Dritten offenzulegen.
3. *Offenbarung:* Die dritte Hürde ist mithin die schwierigste, weil sie erfordert, dass ich mich als Mensch mit meinen tiefsten Ängsten, Sorgen, Ansprüchen und Wünschen einem anderen Individuum anvertraue.

Machen Sie sich daher Gedanken darüber, wie weit sie mit welcher Person gehen wollen. Sie können dies auch schrittweise tun und erst einmal das Thema an sich selbst und an anderen „ausprobieren“.

Manche Gespräche dieser Art können auch professionalisiert werden. Statt mit Freunden können Sie auch mit Ihrem Steuerberater, Rechtsanwalt, geistlichem Bestand oder einem Psychologen sprechen. Je nach Profession bekommen Sie unterschiedliche Informationen, daher ist es sinnvoll, mit Vertretern mehrerer Personenkreise zu sprechen.

7.1 Mit wem kann ich über meinen Erbprozess sprechen?

Beginnen wir mit den Unbeteiligten an Ihrem Erbe. Dies können beispielsweise Freunde, die in einer ähnlichen Situation sind, sein. Sie können durch ein Gespräch erfahren, wie diese ihr Erbe geregelt haben. So können Sie Anregungen erhalten und alternative Lösungen erkennen. Wundern Sie sich nicht, wie unterschiedlich die Sichtweisen und Lösungen sein können. Erben ist ein sensibles Thema und sicher keines, worüber man mit einem flüchtigen Freund sprechen sollte. Aber ein Gespräch mit einem vertrauten Freund oder einer guten Freundin ist möglich und oft sehr hilfreich. Viele Menschen haben gerade davor Angst, dass sie Fremden, aber auch Freunden, dabei einen Einblick in den materiellen Teil ihres Erbes geben müssen. Um das Geld muss es in einem solchen Gespräch aber gar nicht gehen. Vielmehr können Gespräche unter Freunden oder Verwandten (z. B. unter zwei Brüdern mit jeweils eigener Familie, die sich höchstwahrscheinlich nichts vererben werden, aber erfahren wollen, wie der jeweils andere sein Erbe geregelt hat) viele gute Hinweise geben. Der eigene Kontostand muss dabei gar nicht zur Sprache kommen.

Eine weitere Gruppe, die Ihnen wichtige Informationen liefern kann, sind professionelle Berater. Je nach Fragestellung müssen Sie entsprechende Fachleute aufsuchen. Rechtsanwälte und Notare können Sie bei der juristisch korrekten Niederlegung Ihres Testaments, Vermächtnisses oder Erbvertrags beraten oder Ihnen Hinweise geben, wen Sie als Testamentsvollstrecker einsetzen sollten. Auch wenn Sie am Ende ihrer Überlegungen vielleicht gar nicht den Weg des hinterlegten, beglaubigten öffentlichen Testaments gehen, ist eine Beratung sinnvoll. Gleiches gilt für steuerliche Fragen. Auch hier ist eine Konsultation bei Ihrem Steuerberater sinnvoll. Beachten Sie aber: Keiner dieser Fachleute kann Ihnen die inhaltliche Gestaltung ihres Erbes abnehmen! Die steuerlich günstige und juristisch korrekte Abfassung eines Testaments garantiert nicht, dass es ein gutes Testament ist, welches Ihrer Situation und Familie gerecht wird. Diese formalen Merkmale, denen Sie jedoch auch gerecht werden müssen, suggerieren nur, dass das Testament „gerecht" ist und Ihrem Willen entspricht. Der Inhalt muss von Ihnen selbst kommen.

Wenn Sie sich gerade über den Inhalt Ihres Erbes, grundsätzliche Aufteilungsfragen, Ihre familiäre oder persönliche Situation unsicher sind, dann ist es hilfreich, zunächst die formellen Aspekte des Erbes außen vor zu lassen. Ein Gespräch mit dem Rechtsanwalt oder Steuerberater kann Sie schnell in Denkschemata zwingen, die Ihren Fragen wenige oder begrenzende Antworten geben. Ein Erbprozess ist eine Reise zu sich selbst. Vielen Menschen hilft es daher, sich diesem Thema über inhaltliche Fragen zu nähern. Geeignete Gesprächspartner hierfür sind Psychologen und Geistliche. Sie können Ihnen dabei helfen Ihre Gedanken zu ordnen, und sie können Ihnen ganz allgemein Wegbereiter auf dieser Reise sein.

7.2 Mit den Erben über das Erbe sprechen

Im Ausdruck „letzter Wille“ steckt eher kein Hinweis auf Gespräche und Auseinandersetzungen mit den Angehörigen. Vielmehr drückt der „Wille“ eine unverrückbare, unverhandelbare Endgültigkeit aus, die nicht angetastet werden soll und darf. Die hohe Zahl der Erbstreitigkeiten bei Familiengerichten zeigt jedoch das Gegenteil. Der „letzte Wille“ wird oft angefochten und es wird gerichtlich versucht zu klären, was der oder die Verstorbene wirklich intendiert hat. Es gibt keine Garantie, dass es nicht zu Erbkonflikten kommt, aber eine gute Kommunikation im Vorfeld und im Prozess des Erbes kann helfen, sie zu vermeiden.

Die einzige Möglichkeit solche Komplikationen zu vermeiden besteht darin, sich hinzusetzen und gemeinsam darüber zu reden. Nur so können alle Beteiligten ein gegenseitiges Verständnis von den Wünschen und Bedürfnissen der anderen erhalten. Die Erben erfahren, was die Vorstellungen und Wünsche des Erblassers sind und der Erblasser erhält Information darüber, welche Präferenzen einzelne Erben haben. Oftmals verlaufen diese Gespräche für alle Beteiligten recht überraschend. Denkbar ist, dass Erben Erbwünsche äußern, die insgesamt gut mit den anderen Präferenzen kompatibel sind. Denkbar ist aber leider auch, dass sich bereits in einem frühen Stadium deutliche Konflikte über Erbteile abzeichnen.

Achtung!

Erben können auf so ein Gespräch mit der Reaktion „Ich will nichts erben!“ reagieren. Diese Reaktion kann daraus entstehen, dass der Gedanke über den möglichen Tod des Erblassers vermieden wird und folgt einem einfachen, aber leider unrealistischen Muster: Wenn ich nichts erben will, dann wird diese Person auch nicht sterben. So eine Verdrängung wirkt nicht ewig und letztendlich gibt es doch Erbpräferenzen. In einem solchen Fall muss man den Erben Zeit lassen, sich mit dem Gedanken des Todes des Erblassers vertraut zu machen und ihnen die Möglichkeit geben, ihre Bedürfnisse zu sortieren und auszusprechen.

Ein Erbgespräch sollte gut strukturiert und geplant angegangen werden, denn ein plötzliches „Jetzt reden wir darüber“ wird möglicherweise alle Beteiligen in Angst und Panik verfallen lassen. Bei einem so wichtigen, aber aversiven Thema, das viele Menschen am liebsten vermeiden würden, würde sich jeder fühlen, als ob er „ins kalte Wasser geworfen würde“, wenn er ohne emotionale Vorbereitung plötzlich erfährt, was er bekommen soll, oder gefragt wird, was er haben möchte.

Checkliste für ein Erbengespräch

1. Machen Sie sich vorab Gedanken über das Ziel des Gesprächs.
2. Bereiten Sie sich gut auf das Erbengespräch vor.
3. Wählen Sie den Termin weit im Voraus, damit ihn jeder Teilnehmer einplanen kann.
4. Überlegen Sie, wen Sie zum Erbengespräch einladen möchten.
5. Bedenken Sie, dass jeder, den Sie zu dem Gespräch einladen, davon ausgehen wird, dass er oder sie tatsächlich auch einmal etwas erben wird.
6. Bitten Sie die Anwesenden sich vorzubereiten.
7. Machen Sie zu Beginn des Gesprächs deutlich, was die Einzelnen erwarten dürfen bzw. wie offen das Gespräch geführt werden soll.
8. Überlegen Sie sich vorher, welche Gesprächsform innerhalb Ihrer Familie die sinnvollste ist.
9. Stellen Sie während des Gesprächs klare Regeln auf.
10. Machen Sie sich Gedanken darüber, wie Sie auf aufkommende Konflikte reagieren wollen.
11. Wenn Sie Konflikte erwarten, die Sie nicht selbst handhaben können, ziehen Sie einen Moderator oder Mediator dazu.

Was bedeuten diese Punkte nun im Detail?

Machen Sie sich vorab Gedanken über das Ziel des Gesprächs. Was wollen Sie erreichen? Wenn es Ihnen darum geht, erste Informationen zu erhalten und Sie zunächst in Erfahrung bringen möchten, was jeder Betroffene über Ihre Erbintentionen denkt, dann sollten Sie dies in jedem Fall vorweg deutlich machen. Gleiches gilt natürlich auch, wenn Ihre Erbvorstellungen schon sehr konkret sind. In jedem Fall müssen die Beteiligten mit genügend Vorlauf wissen, worum es gehen soll.

Ein Erbengespräch bedarf guter Vorbereitung. Sie selbst müssen sich auf das Gespräch vorbereiten. Aber auch Ihre Erben müssen Zeit dafür haben, sich darüber klar zu werden, worum es in dem Gespräch gehen soll, wie ihre eigene Haltung ist und welches ihre Wünsche sind.

Wählen Sie den Termin weit im Voraus, damit ihn jeder Teilnehmer einplanen kann. Legen Sie den Termin keinesfalls auf eine Familienfeier oder einen Festtag. Weihnachten bleibt Weihnachten und der Geburtstag der Tante ist ihr Geburtstag. Nehmen Sie, soweit dies möglich ist, Rücksicht auf die persönliche Situation einzelner Beteiligter. Befindet sich eines Ihrer Kinder gerade in einer starken Veränderungsphase seiner Lebensumstände, lebt z. B. in Scheidung, dann ist es besser, mit so einem Gespräch abzuwarten, bis wieder etwas mehr Stabilität eingekehrt ist. Benutzen Sie solche Umstände aber nicht als Grund, um das Gespräch immer weiter hinauszuzögern, sonst werden Sie es nie führen.

Überlegen *Sie, wen Sie zum Erbgespräch einladen möchten.* Es kann sinnvoll sein, jeden Erben zum Gespräch zu bitten. Es kann aber auch sinnvoll sein, beispielsweise nur Ihre Kinder und nicht deren Kinder, selbst wenn diese etwas erben sollen, einzuladen. Dies ist zu empfehlen, wenn diese noch zu klein sind oder wenn Sie sich sonst in Details verlieren würden. Bedenken Sie, dass jede Person, die nicht beim Gespräch anwesend war, später sagen kann, dass sie nicht gefragt wurde. Eine Konsequenz daraus kann sein, dass solche ausgeschlossenen Familienmitglieder, die sich selbst als potenzielle Erben sehen, dann das Testament anfechten. Bedenken Sie auch, dass jeder, der zu dem Gespräch eingeladen war, nun davon ausgehen wird, dass er oder sie tatsächlich auch einmal erben wird. Im Ausschlussprinzip ist auch nachvollziehbar, dass jede Person, die nicht eingeladen wurde, davon ausgehen wird, nicht zu erben. Die Einladungsliste ist also alles andere als trivial.

Bitten Sie die Anwesenden sich vorzubereiten. Beispielsweise können Sie sie bitten, sich im Vorfeld Gedanken darüber zu machen, was sie gerne erben möchten.

Machen Sie zu Beginn des Gesprächs deutlich, was die Einzelnen erwarten dürfen bzw. wie offen das Gespräch geführt werden soll. Erben ist kein Wunschkonzert, und ein Gespräch darüber steht oft erst am Anfang eines langen Auseinandersetzungsprozesses des Erblassers. Machen Sie auch von Anfang an klar, dass in diesem Gespräch keine Fakten geschaffen werden und keine endgültigen Beschlüsse gefasst werden. Weisen Sie alle Beteiligten darauf hin, dass es unter Umständen noch weitere Folgegespräche geben wird, in größerer oder kleinerer Runde.

Überlegen Sie sich vorher, welche Gesprächsform innerhalb Ihrer Familie die sinnvollste ist. Manchmal ist die Öffentlichkeit von Aussagen wichtig – damit jeder hört, was der andere gesagt hat und wie die anderen darauf reagieren. In anderen Fällen sind nacheinander geführte Einzelgespräche mit jedem Erben sinnvoller. Zum Abschluss solcher Einzelgespräche muss Erblassers den Beteiligten eine Art Bericht über die Ergebnisse zukommen lassen.

Stellen Sie während des Gesprächs klare Regeln auf. Jeder muss aussprechen dürfen, was er oder sie denkt, ohne unterbrochen zu werden.

Machen Sie sich Gedanken darüber, wie Sie auf aufkommende Konflikte reagieren wollen. Die Brisanz eines solchen Erbgesprächs liegt darin, dass an sich harmonisch wirkende Familienkonstellationen aufbrechen und sich in handfeste Konflikte verwandeln können. Die Gründe dafür sind vielschichtig. Im Verborgenen liegende Konflikte erhalten plötzlich einen anderen Referenzrahmen und verändern ihre Qualität. Sie werden quasi „befeuert“: Was man jahrelang wusste oder geduldet hat, ist man plötzlich nicht mehr bereit zu akzeptieren, wenn man dadurch Gefahr läuft, dass das Erbe auch noch in einer ungerechten Art und Weise aufgeteilt werden würde oder bestehende Präferenzen dadurch zementiert würden. Typische „Bruchlinien“, also Konfliktquellen, verlaufen dabei entlang an bestehenden wahrgenommenen Ungerechtigkeiten, die in anderen Kontexten oftmals über nicht materielle Aspekte bestehen. Die betroffenen Personen können dann befürchten, dass diese Ungerechtigkeiten sich auf das Erbe ausweiten oder im Erbe nicht genügend ausgeglichen werden. „Jetzt nicht auch noch beim Erbe“ ist eine typische Erfahrungsformel die Hinweise darauf liefert, dass „das Fass“ bei einem Angehörigen „übergelaufen“ ist.

Erwarten Sie Konflikte, die Sie nicht selbst handhaben können? Dann sind Vorgespräche oder die Hinzuziehung eines Moderators oder Mediators (Vermittlers) sinnvoll. Mit so einer Person können Sie auch das Gespräch vorab im Detail planen.

7.3 Mit dem Erblasser über das Erbe sprechen

Obwohl sich dieser Ratgeber primär an Erblasser und weniger an Erben richtet, möchten wir an dieser Stelle einmal die Perspektive wechseln. Auch Erben können Erblasser zu einer Art „Erbengespräch“ einladen. Anders gesagt, können sie den Erblasser darauf hinweisen, dass er das Erbe regeln soll oder muss. Dies kann bei Erblassern negative, missverstandene Reaktionen hervorrufen:

- Der Erbe wünscht dem Erblasser den Tod.
- Der Erbe wird als Erbschleicher angesehen.
- Der Erbe ist gierig und will an sein Erbe.

Wir wollen nicht abstreiten, dass alle diese Gründe in manchen Kontexten tatsächlich vorliegen, aber in den meisten Fällen ist dies nicht so. Erben haben oftmals einen guten distanzierten Blick auf die Erbsituation und wissen, dass dabei noch Regelungsbedarf besteht. Wie wir in den ersten Kapiteln beschrieben haben, vermeiden viele Erblasser das Thema „Vererben“, indem sie von ihrer eigenen „Unsterblichkeit“ ausgehen, oder sie verdrängen es einfach erfolgreich. Daher sollten Erben, oder einfach auch unbeteiligte Dritte, den Erblasser darauf hinweisen, dass bei diesem Thema noch Regelungsbedarf besteht. Man kann dies psychologisch geschickt auf zwei Arten tun:

1. *Anstoß zur Erbregelung über soziale Vergleiche:* Menschen, mit denen wir uns verbunden fühlen und die wir als ähnlich wahrnehmen, funktionieren als eine Art Vorbilder für uns (sog. Rollenmodelle). Wir imitieren ihr Verhalten, weil wir an ihrem Beispiel sehen, dass dieses positive Effekte hat und zu guten, erwünschten Ergebnissen führen kann. Dieses Phänomen des „Modelllernens" kann man sich auch im Erbkontext zunutze machen und Erblasser darauf verweisen, dass jemand in einer ähnlichen Situation bereits sein Erbe geregelt hat oder gerade dabei ist, dies zu tun. Möglicherweise kann auch ein Gespräch mit dieser Person überzeugend wirken, in dem sie erklärt, wie sie bei ihrer Erbregelung vorgegangen ist.
2. *Anstoß zur Erbregelung über drohende negative Konsequenzen:* Erblasser, die eine Erbregelung noch nicht fixiert haben, vermeiden dieses Thema oft und denken entweder, dass sie noch genügend Zeit haben dies zu tun, oder sie sind sich nicht über die drohenden negativen Konsequenzen bewusst.

Welchen Sie von diesen Wegen wählen oder ob Sie sich für eine Kombination aus beiden entscheiden, bleibt Ihnen überlassen. Machen Sie dem Erblasser in jedem Fall klar, dass Sie das Beste für Ihn und das Erbe wollen. Es ist leicht nachzuvollziehen, dass es ein Kardinalfehler ist, im gleichen Moment eigene Bedürfnisse zu vermitteln: „Du solltest dein Erbe regeln – und ich hätte gerne …"

Vererben und Erben ist ein langsamer Prozess, für den Muße benötigt wird. Eilige Schritte, Hast und Drängen auf schnelle Lösungen sind keine guten Voraussetzungen für einen ausgewogenen Erbprozesses.

8 Die fünf großen Motive beim Vererben

Wer sich Gedanken über sein Erbe oder Testament macht, beginnt diese Überlegungen meist nicht aus purer Pflicht, „weil man das tun muss“, sondern folgt einem bestimmten Motiv. Motive sind ganz basale Gründe, die nicht nur das Ziel einer Aktivität, sondern auch den Zielerreichungsprozess beschreiben. Solche Motive unterliegen fast all unserem Handeln. Wenn man einen Freund zum Abendessen einlädt, dann ist es das erste Ziel, den Hunger zu stillen. Der Einladung unterliegt höchstwahrscheinlich auch eine Reihe von anderen Motiven. Denkbar ist, dass man die Freunde einlädt, weil man Gesellschaft haben möchte oder weil man den Freundeskreis aufrecht erhalten will. Es ist auch möglich, dass es versteckte Motive gibt, die mit der Einladung verbunden sind. Man möchte vielleicht für das neue Rezept oder den besonderen Wein Lob erhalten oder einem ganz bestimmten Mitglied der Runde zeigen, dass man auch Geschmack (oder Geld) hat. Es gibt also offene und verdeckte Motive. In der Fachsprache werden sie „explizite“ und „implizite“ Motive genannt. Oft sind wir uns nicht wirklich über unsere versteckten, impliziten Motive bewusst. Über weite Strecken unseres Lebens ist das auch nicht problematisch, sondern sogar sinnvoll. Wir handeln oft im Autopilot-Modus und verfolgen unsere Ziele ohne bewusste Überlegung.[1] Häufig ist diese unbewusste Zielverfolgung äußerst nützlich, denn mit ihr können wir bestimmte Alltagsziele reibungslos erreichen, bei denen wir uns nur wenig Gedanken darüber machen müssen, wie wir an unser Ziel kommen z. B. die effektive Strukturierung des Einkaufs um Zeit zu sparen, um danach noch Joggen gehen zu können. Im Kontext des Vererbens hingegen ist es nützlich, die Motive nach den uns bewussten und nach den uns weniger bewussten zu sortieren. Die Erkenntnis darüber, welches das treibende Motiv für einen selbst ist, ist ein wichtiger Schritt in Richtung einer Gestaltung des Erbprozesses, der Sie zufriedenstellen wird.

In diesem Kapitel erläutern wir die fünf großen Motive beim Vererben: Gerechtigkeit, Angst, Macht, Versorgen und Erziehen. Diese Motive sind „ungleich groß“: Das Gerechtigkeitsmotiv ist mitunter das wichtigste und erhält deshalb hier auch den meisten Raum. Dies bedeutet aber nicht, dass die anderen vier Motive, Angst, Macht, Versorgen und Erziehen, nicht weniger Einfluss auf die Gestaltung des Erbes haben.

---

1 Wenn Sie sich für das Thema „Motivation“ und dafür, wie wir unsere Ziele erreichen, interessieren, empfehlen wir Ihnen das Buch „Unser Autopilot“ von Jens Förster (2012).

Aufgabe: Die Motiv-Suche

Diese Aufgabe dient dazu, dass Sie sich darüber im Klaren werden, welche verschiedenen Motive Ihr Verhalten im Erbkontext bestimmen. In den seltensten Fällen wird dies nur ein einziges Motiv sein. Sie werden vermutlich entdecken, dass unterschiedliche Motive Ihr Handeln bestimmen, und dass sich diese Motive auch in der Person, auf die Sie bezogen sind, unterscheiden können. Die Aufgabe besteht aus drei Schritten:

1. Erstellen Sie eine Liste der Menschen, die Ihnen etwas bedeuten. Diese muss nicht unbedingt mit den Menschen übereinstimmen, denen sie etwas vererben möchten. Seien Sie da ruhig etwas freier mit sich.
2. Notieren Sie sich im zweiten Schritt Ihre ersten Gedanken, die Sie mit diesen Menschen verbinden. Was wünschen Sie ihnen? Wo könnte der eine oder die andere noch etwas in seinem oder ihrem Leben ändern, wo Sie Nöte und Chancen sehen? Lassen Sie sich für diesen Schritt ruhig ein paar Tage Zeit und sammeln Sie Ihre Gedanken.
3. In einem dritten Schritt versuchen Sie diese Gedanken zu sortieren. Was bedeutet es beispielsweise, dass Sie sich für Ihre Enkelin wünschen, dass sie eine gute Ausbildung bekommt? Es könnte sich um ein Versorgungsmotiv (siehe Kapitel 8.3) handeln. Das Ziel, dass der Streit zwischen zwei Geschwisterkindern endet (oder nicht schlimmer wird), kann auf ein Gerechtigkeitsmotiv (siehe Kapitel 8.1) hindeuten. Sie können diesen letzten Schritt auch mit einer Vertrauensperson durchgehen (siehe Kapitel 7).

Wir haben Ihnen diese Aufgabe bewusst gestellt, bevor wir die einzelnen Motive im Detail erläutern, um Sie möglichst wenig zu beeinflussen. Diese Motive erläutern wir in den folgenden Abschnitten. Wenn Sie mit dem Strukturieren und Sortieren nach Schritt 2 nicht weiterkommen, können Sie auch erst die Motiverläuterungen lesen. Wir können hier aus Platzgründen nicht alle Motive beschreiben, die es gibt. Sicherlich wird es Motive geben, die für den einen oder die andere im Erbkontext hoch relevant sind, hier aber nicht aufgeführt werden. Dies bedeutet nicht, dass sie falsch oder nicht zutreffend sind, sondern nur, dass Ihre Motivstruktur komplexer ist, als diejenige, die wir im Rahmen dieses Buches aufzeigen können.

8.1 Gerechtigkeit

Ein gerechtes Erbe ist vermutlich das uneingeschränkte Ziel fast aller Erblasser und aller Erben. Es ist ein großes Thema beim Vererben und zugleich der Punkt, an dem man fast nur scheitern kann, wenn man sich der Komplexität der Frage nicht bewusst ist. Der Anspruch, absolut gerecht zu vererben, ist ohne Schwierigkeiten nur dann zu erreichen, wenn es nur einen einzigen Erben gibt. Doch wenn der Fall eintritt, dass ein Einzelkind (später einmal) das gesamte Vermögen der Eltern erben soll, ein Elternteil aber zuerst stirbt, stellt sich unmittelbar die Frage, wie nun ein gerechtes Erbe aussehen soll. Bekommt zunächst das hinterbliebene Elternteil alles und das Kind erbt später, sprich, es muss auf seinen Erbteil zunächst verzichten, oder erbt das Kind gleichzeitig? Der Gesetzgeber hat hier versucht, eindeutige Regeln zu treffen, ob diese allerdings in der Situation von allen Beteiligen als gerecht angesehen wird, muss oftmals offen bleiben.

In Kontexten, in denen es mehrere Erben geben soll, ist die Gerechtigkeitsfrage ein zentraler Punkt. Wir sprechen hier auch von „distributiver Gerechtigkeit", also davon, wie im Hinblick auf die Verteilung im Erbfall gerecht geteilt werden kann.

Gerechtigkeitsprinzipien

Auf den ersten Blick betrachtet gehen wir häufig davon aus, dass es in Aufteilungssituationen, in denen es auf Gerechtigkeit ankommt, eine eindeutige, objektive Lösung gibt, die gerecht ist. „Gleiche Aufteilung für jeden" ist ein solches Prinzip. Der amerikanische Psychologe Morton Deutsch (1985) hat Forschung zur distributiven Gerechtigkeit, also der Gerechtigkeit in Verteilungskontexten, betrieben und festgestellt, dass abhängig vom Kontext unterschiedliche Gerechtigkeitsprinzipien gelten und als gerecht angesehen werden. In Kontexten, in denen es uns darum geht, Harmonie zu bewahren, also beispielsweise in Freundschaften, wird Gleichheit („equality") als Gerechtigkeitsprinzip bevorzugt. Gleichheit im Sinne von „equality" bedeutet, dass jeder exakt denselben Anteil einer Sache bekommt. Anders sieht es jedoch aus, wenn es um das Wohlbefinden von allen Beteiligten geht. Dies trifft beispielsweise auf die Familie zu. Hier werden dann Aufteilungen und Zuwendungen als gerecht angesehen, die auf der Basis von Bedarf oder Bedürftigkeit getroffen werden. In wieder anderen Kontexten, in denen die Maximierung von Profit oder Gewinn im Vordergrund steht, werden Aufteilungen entlang eines sogenannten „Equity-Prinzips" als gerecht angesehen. „Equity" bedeutet im Unterschied zu „equality", dass jeder einen Anteil auf der Basis seiner Ansprüche und Leistungen erhält.

Der deutsche Psychologe Leo Montada (2007) hat zu Recht darauf hingewiesen, dass diese reinen, eindeutigen Kontexte (Harmonie, Wohlbefinden und Gewinnmaximierung) selten vorliegen und es daher zu Konflikten über das gerechte Aufteilungsprinzip kommen kann. Er schlägt vor, Mischformen solcher Gerechtigkeitsprinzipien anzuwenden.

Die nächste Aufgabe schließt an die vorangehenden Aufgaben zur Ermittlung Ihrer möglichen Erben und ihrer Erbmasse an. Sie müssen diese Aufgaben aber nicht behandelt haben. Wenn Sie sich auf eine andere Art und Weise Gedanken über diese Themen gemacht haben, können Sie auch diese Struktur bzw. diese Ergebnisse verwenden. Bevor wir zur eigentlichen Aufgabe kommen, werden wir die zwei Prinzipien „equity" und „equality" noch etwas genauer erklären.

Der Erbkontext ist eine prototypische Mischsituation von Gerechtigkeitsprinzipien. Zunächst erscheint einem eine gleiche Aufteilung als gerecht, wenn also jeder Erbe genauso viel wie alle anderen erhält. Nehmen wir aber nun einmal an, dass einer der Erben sehr reich und ein anderer sehr arm ist. Nach dem Prinzip des gleichen Wohlbefindens fänden wir es vermutlich gerecht, wenn der reiche Erbe weniger erhält, der arme hingegen mehr (der eine hat schon genug, dem anderen nützt es mehr). Gehen wir noch einen Schritt weiter: Der reiche Erbe hat den Erblasser betreut und gepflegt. Dann würde ihm nach dem Equity-Prinzip doch ein größerer Anteil des Erbes zustehen, da er durch die Pflege mehr Ansprüche auf das Erbe erworben hätte. Sie verstehen nun sicher besser, warum es eine eindeutig gerechte Lösung oftmals nicht gibt. Gerade die Bewertung von Bedürftigkeit oder die Anerkennung von Leistungen und damit verbundene mögliche Verschiebungen der Aufteilung ist höchst subjektiv. Selbstverschuldete Bedürftigkeit, beispielsweise Spielsucht, (im Gegensatz zu fremdverschuldeter Bedürftigkeit durch z.B. Arbeitslosigkeit) wird vermutlich weniger als Grund für eine solche Verschiebung der Aufteilung angesehen, auch wenn der daraus folgende Zustand der Bedürftigkeit derselbe ist. Gleiches gilt für die Anerkennung von Leistungen, z.B. Pflege oder Unterstützung und Besuche.

Betrachten wir dies an einem Beispiel: Eine Mutter hat zwei Kinder, eines lebt in Australien, eines in ihrer Nähe. Die Mutter lebt nach dem Tod ihres Mannes allein, fühlt sich aber einsam. Ist die Anreise eines Kindes aus Australien einmal im Jahr für drei Wochen (unter Einbeziehung alles Kosten und Zeit) gleichwertig zu den regelmäßigen Wochenendbesuchen des anderen Kindes für eine Stunde zum Kaffee? Wie würden Sie hier nach dem Equity-Prinzip urteilen, wer hat mehr Anrecht auf das Erbe erworben?

Folgt man dem Vorschlag von Leo Montada (siehe obenstehender Kasten), so könnte man das Erbe in verschiedene Bereiche aufteilen und für diese Bereiche unterschiedliche Gerechtigkeitsprinzipien zur Anwendung kommen lassen. Es wird dann vielleicht zunächst kompliziert, aber schlussendlich lösbar. Die Idee lässt sich an unserem obigen Beispiel der unterschiedlich bedürftigen Erben zeigen. Der Erbe kann hier festlegen, dass das Barvermögen gleich aufgeteilt wird, die Wohnung an das bedürftige Kind geht, welches noch kein eigenes Wohneigentum hat, und dass das Kind, welches sich um die Pflege gekümmert hat, einen größeren Anteil des Hausstandes erhält. Ein solcher Vorschlag kann gelingen und vereint alle drei Gerechtigkeitsprinzipien. So kann man ein konfliktfreies Erbe erzeugen, besonders dann, wenn alle Beteiligten darüber informiert sind und zugestimmt haben. Kommt so eine Aufteilung überraschend und wird die Bedürftigkeit des Hauserben von den anderen Erben in Zweifel gezogen, wird möglicherweise ein Konflikt entstehen.

Aufgabe: Gerechtigkeitsprinzipien

Zur Prüfung, welche Gerechtigkeitsprinzipien in Ihrem Erbfall relevant sind, können Sie in mehreren Schritten vorgehen:

1. Verwenden Sie Ihre Liste aller Erben.
2. Schreiben Sie sich zu jedem Erben auf, ob es besondere Gründe gibt, bei diesem von einer absoluten Gleichbehandlung abzuweichen. Dies können verschiedene Gründe sein, z. B. persönliche Notlagen, Krankheiten, größere oder kleinere Familien, berufliche Perspektiven – also Gründe, die auf eine Umverteilung nach dem Prinzip des gleichen Wohlbefindens hinzielen. Andererseits können es auch Gründe sein, die nach dem Equity-Prinzip bedeutungsvoll werden, also besondere Anteile oder Anrechte aufgrund von Leistungen oder Bindungen. Abbildung 5 zeigt, wie eine solche Auflistung aussehen kann.
3. Überlegen Sie sich, ob ihr Erbe es zulässt, durch geschickte Aufteilung oder Unterteilung in verschiedene Bereiche den unter (2) intendierten Verschiebungen Rechnung zu tragen. Gibt es alternative Aufteilungen?
4. Nehmen Sie die Perspektive der jeweiligen Erben ein. Werden diese Ihren Willen akzeptieren können und als gerecht erfahren? Wenn nicht, überlegen Sie sich, mit welchem von Ihren Erben sie darüber sprechen müssen und ob Sie diese Person von Ihrer Lösung überzeugen können oder ob Alternativen bevorzugt werden.

	Beziehung	Motiv
Ute	Ehefrau	Lebensstandard halten
Fiona	Geliebte	kleine Absicherung
Klaus	Bruder	Pflege verbessern
Dirk	Sohn Fiona	gute Ausbildung teilfinanzieren
Alice	Enkelin	Firmengründung unterstützen
Sebastian	Freund	Danken für Vertrauen
Maria	Tochter	Streit lösen/Pflichtteil

Abbildung 5: Mögliche Gründe, die bei die Aufteilung des Erbes berücksichtigt werden sollen

8.1.1 Die „Gerechtigkeitsgleichung"

Gerechtigkeit kann man als eine Gleichung betrachten. Allerdings ist dies keine einfache Summengleichung, bei der alle Einträge aufsummiert das Erbe ergeben, sondern es handelt sich um eine komplexe Gleichung mit Potenzen, Wurzeln und herausgekürzten Elementen, die immer wieder neu berechnet werden muss. Etwas weniger mathematisch ausgedrückt ist es in den wenigsten Fällen im Kontext des Erbes so, dass man ein gutes Ergebnis erhält, wenn man einfach alles durch die Anzahl der Erben teilt. Viel häufiger treten solche Fälle auf, in denen nach Fähigkeiten und Bedürfnissen Erbaufteilungen vorgenommen werden. Wenn man solche Faktoren für die Erbaufteilung berücksichtigt, besteht die Gefahr, dass die Erben selbst oder andere wichtige Familienmitglieder (oder auch weitere Personen), diese für Ihre Entscheidung ausschlaggebenden Fähigkeiten und Bedürfnisse der Erben anders als Sie selbst bewerten und daher zu einer anderen Aufteilung kommen. Dies führt dazu, dass sie mit der Aufteilung nicht einverstanden sind. Weiterhin sind die Erbsachen für unterschiedliche Personen häufig nicht gleichwertig. Wir haben das ausführlich in Kapitel 6.2 beschrieben. Wenn es zu einer negativen Wechselwirkung von Sache (also dem „Wert" des Erbobjekts) und des Zuteilungsgrundes (warum soll jemand etwas erben, z. B. als Kompensation), dann sind solche Entscheidungen hoch subjektiv. Dies wird zudem verstärkt, wenn der Erbprozess mittels Schenkungen und anderer Leistungen schon früh im Leben des Erblassers begonnen hat. Man könnte also zu dem Schluss kommen, dass es immer zum Konflikt kommen muss, da die Bewertung nicht objektiviert werden kann. Dies ist aber nicht so. Auch eine überwiegend subjektiv getroffene Erbaufteilung kann konfliktlos von den Erben akzeptiert werden, wenn die Beweggründe des Erblassers nachvollziehbar sind und auch durch den Erblasser nachvollziehbar kommuniziert werden (oder wurden). Natürlich gilt, dass eine Erbaufteilung die zu gleichen Teilen erfolgt, größere Chancen auf eine spätere Konfliktfreiheit hat.

Beispiel: Verrechnung

Ein segelbegeisterter Tischlermeister mit zwei Söhnen, A und B, hat dem Sohn A, der für seine Familie gerade ein Haus ausbaut, bei den Arbeiten gemeinsam mit seinen Angestellten massiv geholfen. Der Vater hat nach Ablauf der Arbeiten errechnet, dass der Geldwert der so gesparten Arbeitsleistung ungefähr 10.000 € beträgt. Der Gerechtigkeit halber soll nun der andere Sohn B für diese Leistung kompensiert werden. Der Vater schlägt daher vor, dass der andere, ebenso segelbegeisterte Sohn B später einmal seine Jolle, die ebenfalls einen Wert von 10.000 € hat, zusätzlich zum Erbanteil bekommen soll. Sohn B stimmt dem Vorschlag, den „Ausgleich" später in Form der Jolle anstatt sofort als Bargeld zu erhalten, zu, da A ja auch kein Bargeld im tatsächlichen Sinne erhalten hat, und der Vater zu diesem Zeitpunkt auch nicht über diese Summe verfügt.

Probleme:

- Zeitschiene: Der Sohn mit dem Haus hat eine Leistung bereits erhalten, während der andere Sohn auf diese „Leistung“, d.h. die Nutzung des Segelbootes, noch warten muss. Auch ist kein Zeitpunkt dafür bestimmt.
- Wertentwicklung: Der Sohn mit dem ausgebauten Haus kann eine Wertsteigerung der Immobilie erwarten, wohingegen die Wertentwicklung bei dem Boot unsicher bzw. eher ein zunehmender Wertverlust bei steigendem Alter zu erwarten ist.
- „Sackgasse der Hilfe“: Wie würde der Vater damit umgehen, wenn Sohn B in einigen Jahren auch Hilfe beim Hausausbau nötig hat? Muss er diese dann mit der Aussage verweigern, dass B ja das Boot bekommen würde (oder schon bekommen hat)? So eine Haltung würde sicherlich Unfrieden in der Familie erzeugen.

Mögliche Lösungen:

- Gleiches mit Gleichem kompensieren: Der Vater steht nicht unter dem Zugzwang, seinen Söhne sofort einen Ausgleich zu bieten. So kann er abwarten und sehen, ob Sohn B auch die handwerkliche Hilfe in Anspruch nehmen möchte. Tut er das nicht oder ist der Vater irgendwann nicht mehr in der Lage dazu, dann kann er immer noch eine faktische Kompensation leisten.
- Auf jeden Fall sollte diese Situation mit beiden Söhnen offen besprochen werden und auch B sollte die Chance bekommen, seine Wünsche und Bedürfnisse darüber zu äußern, wie (und ob überhaupt) eine Kompensation aussehen sollte.

8.1.2 Warum der Typ „Buchhalter“ scheitern muss – und das Vertrauen gewinnt!

Viele Erblasser führen regelrecht Buch über Geschenke und Zuwendungen an die Erben, um sich so der absoluten Gerechtigkeit zu versichern. In unserer eigenen Familie gab es so einen Fall. Der Großvater bzw. Vater väterlicherseits trug immer mit schwungvoller Handschrift in ein Buch ein, wenn ein Enkel oder Sohn eine Zuwendung erhalten hatte und diese musste dann im Verlauf eines Kalenderjahres auch allen anderen Söhnen oder Enkeln zukommen. Schon alleine das Buch ist eine Augenweide – man kann heute noch nachlesen, wer wie viel in einem bestimmten Jahr erhalten hat.

In manchen Familien wirken solche Bücher Wunder. Sie tun das aber nicht aufgrund der Tatsache, dass sie Gerechtigkeit absichern, sondern aufgrund der Tatsache, dass dieses genau geführte Buch bzw. schon der Fakt, dass es angelegt wurde und existiert, allen Erben verdeutlicht, dass niemand benachteiligt werden soll. So ein Buch hat mehr Symbolcharakter als es der tatsächlichen Nachverfolgung der gerechten Aufteilung dient. Es ist eine Aussage des Erblassers: „Ich will gerecht sein“. Hinter so einer Aussage steht das Vertrauen der Erben, die dem Erblasser keine Winkelzüge unterstellen. Um dieses Vertrauen geht es eigentlich. Ob man dafür ein Buch benötigt, müssen Familien und Beteiligte selbst klären.

Was in diesen Buchführungen jedoch oft fehlt, sind die Einträge zu Liebe und Zuneigung, gemeinsam verbrachter Zeit oder schlichtweg die vergessenen „kleinen Beträge“. Wenn Erben beginnen, mit dem „Millimetermaß der Gerechtigkeit“ zu messen, erinnert man sich auch wieder an diese kleinen Beträge, die dann als Symbol für ungleiche Behandlung fast unverrückbar im Raum stehen. Schlimmer noch wirken die fehlenden Einträge, die mangelnde Wertschätzung ausdrücken. In so einem Fall wird die Buchführung zur Farce und schneidet tiefe Wunden. Der Erblasser ist der Meinung, dass er bewiesenermaßen gerecht handelt. Einzelne Erben erleben jedoch genau das Gegenteil und dringen in den seltensten Fällen mit ihren eigentlichen Bedürfnissen zu dem Erblasser durch. Es ist solchen Erben oftmals weniger wichtig, dass jeder gleich viel vom Erbe erhält, sie würden für sich selbst auch weniger monetäre Anteile akzeptieren. Stattdessen möchten sie nur einmal richtig wahrgenommen werden, Wertschätzung erfahren und das Gefühl haben, geliebt zu werden.

In dem Beispiel aus unserer Familie nahm das Buch übrigens mehr und mehr eine starke symbolische Sonderstellung ein. Nicht der Geldbetrag war relevant, sondern die Eintragung in das Buch war der immer wieder liebevoll vorgenommene und wahrgenommene „Beweis“ dafür, dass an einen gedacht und dass man bedacht wurde. Hier verschränkten sich monetäre Zuwendung und persönliche Wertschätzung in idealer Weise.

Bei Erbkonflikten können solche buchhalterischen Aktivitäten allerdings auch den gegenteiligen Effekt auslösen, also Vertrauen abbauen und Streit verschlimmern. Das Buch ist dann ein Beweis für den ungerechten Fokus auf die materielle Seite des Erbes ohne die anderen Bedürfnisse zu erkennen. Eine andere Variante des „Buchkonflikts“ dreht sich um den Zugang zur Dokumentation. Derjenige, der die Dokumentation einsehen will (aus welcher Motivation auch immer), ist der Haarspalter, der vertrauenslose Erbe. Der jeweilige Besitzer der Dokumentation unter den Erben sieht sich andererseits schnell dem Verdacht der Verheimlichung ausgesetzt, wenn er oder sie das Buch nicht offenlegen will. Oft will man das nicht aus gutem Grund. Selten sind die Bücher ganz sauber geführt und oftmals stimmen die Buchungen eben doch nicht, gerade wenn die „Buchhalter“ älter werden und aus gesundheitlichen Gründen ihrem Dokumentationsanspruch nicht mehr gerecht werden können.

Soll man nun Buch über fortlaufende Zuwendungen und Schenkungen führen oder nicht? Hier ist keine eindeutige Antwort zu geben, sondern nur eine Empfehlung, die von der familiären Situation abhängt. Grundsätzlich gilt: Eine Zuwendungsdokumentation ist kein Geldautomat, der die Herausgabe von Scheinen verweigert, wenn einer mehr als andere erhalten hat. Wer Mittel und Wege finden will, Einzelne zu bevorzugen, wird diese auch im Rahmen einer Zuwendungsdokumentation finden. Alles, was in bar zugesteckt werden kann, muss nicht aufgeschrieben werden, wenn man es verheimlichen will. Dennoch kann eine Zuwendungsdokumentation sinnvoll sein: In Familien, in denen wenig Übersichtlichkeit über die finanzielle Zuwendungsstruktur an die Erben vorliegt, kann so eine Buchführung Wunder wirken. Zunächst erhält der Erblasser für sich selbst eine Aufstellung und Übersicht darüber, ob gerecht verteilt wird. Manchen wird dabei eine unerwartete Überraschung beschert. Auf dieser Basis ist dann eine Veränderung in der Zukunft oder auch ein rückwirkender Ausgleich möglich. Unabhängig vom Nutzen für sich selbst kann so eine Dokumentation auch gegenüber anderen Familienmitgliedern eine sinnvolle Information sein, um Zweifel auszuräumen und Vertrauen aufzubauen. Im Gegensatz dazu kann eine Zuwendungsdokumentation in Familien, in denen bereits ein starker Ordnungsgeist vorherrscht, das sozio-emotionale Verlustgefühl eher verstärken. Zuneigung lässt sich eben nicht bemessen und dokumentieren.

8.1.3 „Nachrechnen“ – warum hinterher alles bedeutsamer erscheint

Wir haben in Abschnitt 8.1.1 das Bild der Gerechtigkeitsgleichung verwendet und darauf hingewiesen, dass diese Gleichung hoch dynamisch ist. Leider ist es so, dass dieselbe Gleichung verschiedene Ergebnisse liefern kann, wenn sie zu unterschiedlichen Zeiten berechnet wird. Trauer ist eine starke und schwer planbare Emotion und in der Trauer erscheinen viele Dinge nicht mehr so, wie sie einmal waren. Der Verlust des geliebten (oder auch gehassten) Erblassers kann die Perspektive auf die Erbaufteilung verschieben und möglicherweise stimmt man der Aufteilung, die einem ohne den Trauerkontext als unproblematisch erschienen ist, nun nicht mehr zu. Was genau passiert in solchen Fällen?

Diese Veränderung der Perspektive kann man psychologisch begründen. In diesem Fall findet ein Wechsel vom fernen Abstrakten zum konkreten Moment des Erbfalls statt. Ohne hohe emotionale Belastung lassen sich im Vorfeld bestimmte Beschlüsse fassen; im Moment des Todes- und Erbfalles wird die Erbaufteilung, der man einmal zugestimmt hat, aber anders bewertet. Dann beginnt man „nachzurechnen“, ob die vom Erblasser gewählte Aufteilung noch gerecht ist. Die Construal-Level-Theorie von Trope und Liberman (siehe folgender Kasten) kann dieses Phänomen beschreiben.

Construal-Level-Theorie

Die Construal-Level-Theorie könnte man mit „Vorstellungsniveau-Theorie“ oder „Konstruktionsniveau-Theorie“ übersetzen. Sie beschreibt die Auswirkungen des zeitlichen oder räumlichen Abstands von relevanten Objekten oder Situationen auf unser Verhalten. Die Psychologen Yaacov Trope und Nira Liberman (2010) beschreiben in dieser Theorie, wie der psychologische Abstand (das kann mit räumlichem oder zeitlichem Abstand einhergehen) zu einem Ziel, Ereignis oder Menschen unser Denken und Handeln beeinflusst. Psychologische Objekte, d. h. Ziele oder Situationen in der Ferne werden eher als abstrakt, weniger fassbar und nicht beobachtbar in umfassend definierten Merkmalskategorien beschrieben. Im Gegensatz dazu sind psychologische Objekte in der Nähe als konkret erfahrbar, beobachtbar und mit detaillierten Merkmalen ausgestattet.

Im Kontext von Tod und Vererben hat diese Theorie eine Reihe von verschiedenen Auswirkungen. Das Lebensende, unabhängig davon, ob es sich um das eigene oder das von anderen handelt, ist zunächst wenig fassbar und emotionale Reaktionen darauf, z. B. Angst vor dem Tod, bleiben abstrakt und haben wenig Einfluss auf das aktuelle Erleben. Je konkreter das Lebensende näher rückt oder durch externe Zeichen deutlich angezeigt wird, z. B. eine schwere Krankheit, desto spezifischer werden Ängste und der Umgang mit dieser belastenden Situation (sog. Copingmechanismen). Die emotionale Intensität von Ereignissen nimmt im Allgemeinen zu. Das „construal level“ hat auch Einflüsse auf die Wahrnehmung von Moralität und Gerechtigkeit. Moralische Bewertungen von Handlungen, deren Konsequenzen noch weit in der Zukunft liegen, fallen anders aus (häufig positiv) und werden häufiger akzeptiert als solche, die im Nahfeld einer Person liegen. Dann richtet sich der Fokus auf die kleinen Details, die zuvor mit Abstand betrachtet irrelevant waren. Auf den Erbkontext bezogen ist es leicht nachzuvollziehen, dass Einstellungen, das Einverständnis zu Erbaufteilungen und Emotionen aus der zeitlichen wie psychologischen Distanz plötzlich anders bewertet werden können, wenn der Tod oder Erbfall kurz vor dem Eintreten ist oder bereits eingetreten ist. Leider sind die individuellen Vorhersagefähigkeiten über diese Bewertungs- und Verhaltensänderungen recht beschränkt. Wir können uns Dinge einfach oft nicht vorstellen, bis sie eintreffen.

Der Umgang mit solchen Veränderungen des psychologischen Abstands zum Todes- oder Erbfall ist ein zentraler Einflussfaktor für Neubewertungen und das „Nachrechnen".

Ein weiterer Grund, warum das Nachrechnen oft anders ausfällt als die Gleichung, die ursprünglich aufgegangen ist, ist der, dass nun eine zentrale Größe fehlt: Der Erblasser ist verstorben. Hier zeigt sich auch, dass die Erbgestaltung keine rein mathematische Gleichung ist, denn der Verlust eines Angehörigen mit allen Emotionen und persönlichen Bezügen lässt sich eben nicht in Parametern wie Geld, Immobilien und Objekten ausdrücken. „Mit dem habe ich noch eine Rechnung offen" ist ein Sprichwort, welches eigentlich auf ungelöste Konflikte bezogen ist. Solange die andere Person noch greifbar ist, kann die Rechnung auch offen bleiben. Die prinzipielle Möglichkeit zur Lösung des Konflikts besteht ja noch. Stirbt allerdings dieser Mensch, dann verschwindet diese prinzipielle Möglichkeit. Die Rechnung muss beglichen werden ohne dass die angedachte Lösung erreicht werden kann. Dies kann ein Gefühl der Hilflosigkeit und Ohnmacht auslösen, da einem die Kontrolle über die eigene Konfliktlösung genommen wurde. Um wieder die Kontrolle zu erlangen, kann es in solchen Fällen auch zu sogenannten Übertragungs- und Stellvertretereffekten kommen: Eine andere Person bekommt nun (mehr oder weniger unfreiwillig) die Rolle des Menschen, mit dem man noch eine Rechnung offen hatte.

Ein dritter Grund für das „Nachrechnen" ist, dass plötzlich andere Akteure in den Vordergrund treten. Mit dem Tod des Erblassers verschwindet eine (Konflikt-)Partei in einem komplexen Beziehungsgefüge. An seine Stelle können beispielsweise andere Erben treten, die nun als Konfliktpartner dienen müssen.

Insgesamt gibt es eine Reihe von Gründen, die mit einer gewissen Wahrscheinlichkeit dazu führen, dass es zu einem „Nachrechnen" im Kontext der Erbaufteilung kommt. Rückwirkend erscheinen dann gerechte Aufteilungen oftmals viel weniger gerecht. Dies bedeutet aber nicht, dass deswegen alles geändert werden muss und dass man darauf ein moralisches Recht hat. Schließlich hat man der ursprünglichen Aufteilung auch einmal zugestimmt. Die zentralen Fragen, die man sich stellen muss, sind daher, wie schwer es einem fällt – auch unter der neuen Wahrnehmung der Umstände – bei der ursprünglichen Aufteilung zu bleiben und wie sehr der Preis der Veränderung (z. B. die Auseinandersetzung mit dem Erblasser und den anderen Erben) mit dem erreichbaren Ergebnis übereinstimmt.

Beispiel: Vorgezogenes Erbe

Aus steuerlichen Gründen (Schenkung), aber auch häufig weil besondere Interessensgründe bestehen, verteilen Eltern ihr Erbe schon vor ihrem Tod. Ein Bauernpaar mit drei Kindern schenkt einem Kind, das bauen will, einen Baugrund mit einer Wiese. Der Wert des Grundes wird ungefähr auf 50.000€ geschätzt, allerdings ist aufgrund eines regionalen Wandels von einer deutlichen Wertsteigerung auszugehen, da die Wiese möglicherweise als Industriegebiet genutzt werden kann. Aus Gerechtigkeitsgründen erhalten die beiden anderen Kinder daher einen höheren Geldbetrag um die Wertsteigerung auszugleichen. Damit ist dann auch das monetäre Erbe vollzogen.

Probleme:
- Die Verrechnung von unterschiedlichen Werteinheiten ist grundsätzlich schwierig, oft aber nicht zu vermeiden.
- Die Verrechung mit vorweggenommenen Wertentwicklungen bietet große Chancen für Fehlkalkulationen. Allerdings werden so Tatsachen geschaffen, die später schwer bzw. nur mit viel gutem Willen zu ändern sind.

Die Geschichte geht folgendermaßen weiter: Das eine Kind baut das Haus, aber die Gemeinde verkleinert das mögliche Gewerbegebiet und so bleibt die Wiese ein Wiese ohne die erwartete Wertsteigerung. Die beiden anderen Kinder haben ihren Erbanteil bereits anderweitig verwendet. Daher können sie ihrem Geschwister nicht so einfach einen Teil des Geldes zurückzahlen, was dieses aber erwartet. Nur mit Mühe lässt sich eine Klage vermeiden und ein juristisch geschulter Mediator hinzugezogen, um nach einer Lösung zu suchen.

Mögliche Lösungen:
- Wenn möglich, sollten Verrechnungen mit unterschiedlichen Werteinheiten vermieden werden. Die Kinder könnten sich auch das Eigentum an der Wiese teilen und entsprechend könnten die Geldwerte anders aufgeteilt werden. Allerdings sollten Erbengemeinschaften nur dann errichtet werden, wenn davon auszugehen ist, dass die Kinder das Erbe auch gemeinschaftlich verwalten wollen und können.
- Wertverrechnungen sollten nur auf der Basis von faktischen Werten vorgenommen werden.
- Auch hier gilt wieder, dass alle Beteiligten in den Entscheidungsprozess mit einbezogen werden sollten.

8.2 Angst

Angst ist an sich kein Motiv im engeren Sinne, aber es kann wie ein Motiv wirken. Der Erblasser hat Angst vor dem Eintreten bestimmter, zumeist negativer Zustände und diese Vermeidungshaltung bekommt die Qualität eines Motivs, welches das Wahrnehmen und Verhalten beeinflusst. Wovor haben Erblasser dann Angst? Diese Ängste können eine Vielzahl von Bereichen umfassen. Denkbar ist die Angst vor dem Kontrollverlust über das eigene Erbe, was dazu führt, dass alles bis ins kleinste Detail geregelt sein muss. Auch möglich ist eine Angst davor, dass die Erben mit dem Erbe unwürdig umgehen, und dass Ziel des Erblassers ist es dann, dieses Verhalten der Erben zu verhindern. Es kann auch Angst vor einem Erbkonflikt bestehen, der dann um jeden Preis verhindert werden soll. In allen diesen Fällen ist die Angst an etwas anderes gekoppelt, was als Negativzustand vermieden werden soll. Vielfach kommt es aus solchem angstgetriebenen Vermeidungsverhalten zu Überkompensation oder einer fast zwanghaften Beschäftigung mit dem Thema: Beispielsweise werden alle (un)möglichen Indikatoren für ein Fehlverhalten (Konflikt, Verschwendung) der Erben registriert und führen zu einer Anpassung der Erbaufteilung. In solchen Fällen ist es hilfreich, den Grund der Angst zu ergründen, der wahrscheinlich außerhalb des Erbfalls verwurzelt ist. Menschen, die schon fast zwanghaft Sorgen über das Scheitern ihres Erbes haben, sollten versuchen, Abstand zu ihrem Erbe aufzubauen. Ein Psychotherapeut kann dabei helfen, eine „gesunde Beziehung" zum eigenen Erbe zu erlangen.

Es gibt aber auch andere, weniger klinisch bedeutsame Formen eines ängstlichen Umgangs mit dem Erbe. Wenn wir ein gutes Erbe als Ziel definieren, dann kann man sich unterschiedliche Erfolgskriterien eines guten Erbes vorstellen. Für manche Menschen kann dies die Tatsache sein, dass alle Erben das Erbe akzeptieren und mittels des Erbes prosperieren. Für andere hingegen kann es die Tatsache sein, dass es nicht zu einem Streit oder Konflikt kommt und niemand das Erbe leichtfertig verliert. Natürlich sind das aus der Sicht des Erblassers rein fiktive Gedankenspiele, deren Ergebnis er nicht mehr erleben wird, da sie erst nach seinem Tod stattfinden werden. Andererseits können Erblasser solche Tatsachen noch miterleben, wenn schon zu Lebzeiten schrittweise vererbt wird. Dann können die Erfahrungen aus dem ersten Erbteil die Aufteilung der weiteren Erbteile beeinflussen.

Aufgabe: Regulatorischer Fokus

Beantworten Sie bitte zuerst die folgenden Fragen und lesen Sie erst danach die Erläuterung zum regulatorischen Fokus im untenstehenden Kasten. Machen sie bei jedem Aussagenpaar ein Kreuz bei der Aussage, der Sie am meisten zustimmen.

1a) In meinem Testament kann ich meinen Idealen folgen und diese umsetzen.
1b) Ein Testament ist eine Art Pflicht und muss bestimmten Regeln folgen.

2a) Ich bin mir sicher, dass meine Erben mein Erbe für sie gewinnbringend nützen werden.

2b) Ich habe Sorge, dass meine Erben mit meinem Erbe nicht so verantwortungsvoll umgehen werden, wie ich mir das wünsche.

3a) Ich sehe mein Testament als Teil eines größeren Erbprozesses und bin mir sicher, dass es im Großen und Ganzen gelingen wird.
3b) Ich möchte bei meinem Testament Fehler vermeiden und keine Konflikte schüren.

4a) Ich freue mich auf die Herausforderung mein Erbe zu gestalten.
4b) Ich beobachte meine potenziellen Erben gut, um ein Testament zu machen, welches Ihren Bedürfnissen entspricht.

5a) Ich bin mir sicher, dass ich zufrieden sein werde, wenn ich mein Testament geschrieben habe.
5b) Ich bin mir sicher, dass ich erleichtert sein werde, wenn ich mein Testament geschrieben habe.

6a) Der Gedanke daran, dass mein Erbe scheitern könnte (z. B. weil meine Erben in Streit geraten oder mein Testament anfechten), erfüllt mich schon jetzt mit Enttäuschung.
6b) Der Gedanke daran, dass mein Erbe scheitern könnte (z. B. weil meine Erben in Streit geraten oder mein Testament anfechten), macht mich schon jetzt niedergeschlagen.

7a) Ich bin eher davon überzeugt, dass mein Erbe gelingen wird.
7b) Ich bin eher davon überzeugt, dass mein Erbe scheitern wird.

8a) Wenn ich an meine Kindheit zurückdenke, dann hatten meine Eltern ein einfaches Kind mit mir.
8b) In meiner Kindheit habe ich meinen Eltern oftmals Sorgen bereitet.

9a) Bei schwierigen, bedeutsamen Aufgaben denke ich mehr an die Gewinnchancen und was mir danach alles möglich sein wird.
9b) Bei schwierigen, bedeutsamen Aufgaben denke ich mehr daran, was ich alles tun muss, dass mir eine Lösung gelingen wird.

Zählen Sie nun die Anzahl der a- und b-Antworten zusammen.

Anzahl der a-Antworten: __________

Anzahl der b-Antworten: __________

Haben Sie mehr a-Antworten angekreuzt, dann haben Sie eher einen Promotion-Fokus, wenn es um Ihr Erbe geht. (Lesen Sie zum Verständnis der Auswertung bitte den folgenden Kasten.) Haben Sie mehr b-Antworten angekreuzt, dann haben Sie eher einen Prevention-Fokus. Hält sich die Anzahl der a- und b-Antworten ungefähr die Waage, dann deutet dies darauf hin, dass Sie sehr flexibel in Ihrem regulatorischen Fokus sind und diesen situativ gut anpassen können. In diesem Fall ist nicht zu erwarten, dass ein ausschließlicher Stil ihre Erbaufteilung bestimmen wird.

Regulatorischer Fokus

Die Theorie des regulatorischen Fokus stammt von dem kanadischen Psychologen E. Tory Higgins, der an der Columbia University in New York lehrt. Diese Theorie ist derzeit eine der einflussreichsten psychologischen Theorien, da sie einen neuen Blick auf Motivationsprozesse möglich macht. Zuvor wurde Motivation als Zielerreichungsprozess immer inhaltlich analysiert: Welches Ziel möchte ich erreichen? Welchem Motiv folge ich?

Im Erklärungsansatz des regulatorischen Fokus ist der Inhalt zweitrangig. Der Fokus liegt auf dem Prozess der Zielerreichung, also dem „Wie“. Um welches Ziel es dann jeweils geht, spielt keine so große Rolle. Die Theorie ist etwas abstrakt und unterscheidet zwei Typen von Motivationsprozessen: Einerseits gibt es den sogenannten „Promotion-Fokus“ und andererseits den „Prevention-Fokus“. Diese beiden Foki können situativ verändert werden, sind aber über die Zeit eher stabil und fast schon eine Persönlichkeitseigenschaft. Menschen mit einem *Promotion-Fokus* verstehen Ziele als Ideale und sind in Bezug auf die Zielerreichung (und ihrer Bewertung) gewinnorientiert (bzw. verbuchen nicht erreichte Ziele als Nichtgewinne). Sie agieren nach dem Prinzip der Strebsamkeit. Auftretende Verluste werden als wenig problematisch angesehen, wenn das übergeordnete Gewinnziel noch stimmig ist. Der *Prevention-Fokus* hingegen versteht Ziele als Verpflichtungen und ist in Bezug auf die Zielerreichung und ihrer Bewertung an der Verlustvermeidung orientiert. Ein erfolgreich erreichtes Ziel nimmt hier die Form einer erfolgreichen Verlustvermeidung an. Nicht erreichte Ziele werden als Verluste verbucht, diese Menschen agieren nach dem Prinzip der Umsichtigkeit und Wachsamkeit. Logischerweise sind auch die Emotionen, die beim (Nicht-)Erreichen eines Ziels erlebt werden, vollkommen andere. Menschen mit einem Prevention-Fokus sind entspannt, wenn Sie ein Ziel erreicht haben, im Gegensatz dazu empfinden Menschen mit einem Promotion-Fokus Freude. Auch die Gefühle, wenn das Ziel verfehlt wurde, unterscheiden sich: Niedergeschlagenheit beim Prevention-Fokus und Enttäuschung beim Promotion-Fokus.

Zwischen dem individuellem Fokus sowie Situationen und Gruppen, die wir bevorzugen, gibt es übrigens eine Übereinstimmung: Wir suchen uns diejenigen Kontexte aus und schließen uns denjenigen Gruppen an, die unserem Fokus entsprechen. Ein Missverständnis müssen wir allerdings ausräumen: Ein Fokus ist nicht besser als der andere. Wir wollen ja schließlich, dass unser Arzt genau arbeitet und Fehler vermeidet, aber dass unser Anlageberater gewinnorientiert ist.

Diese Theorie kann menschliches Verhalten in fast allen Situationen erklären, so auch im Erbkontext. Sie ist auf kein bestimmtes Motiv bezogen und kann bei allen inhaltlichen Motiven eine Rolle spielen.

Erblasser, die in einem Prevention-Fokus agieren, wollen bei ihrem Erbe keine Fehler machen und sehen die Erbgestaltung als Verpflichtung an. Gleiches erwarten sie auch von ihren Erben in Bezug auf den Umgang mit dem Erbe. Ein Erbe, der mit dem Ererbten vermutlich risikoreich umgehen wird, „passt" nicht in das Bild eines Erblassers mit einem Prevention-Fokus und wird daher in der Erbaufteilung weniger erhalten oder Bauchgrimmen beim Erblasser auslösen. Beim Promotion-Fokus geht es mehr um Ideale und Chancen, also um mögliche Gewinne. Der erwähnte risikofreudige Erbe, der nicht mit den Vorstellungen des Erblassers mit einem Prevention-Fokus übereinstimmt, passt jedoch in das Schema des Promotion-Fokus. Bei einer solchen Übereinstimmung entstehen weniger Konfliktpotenziale. Da sich Erben oftmals in ihrem regulatorischen Fokus unterscheiden, müssen Erblasser genau prüfen, ob dieser ihre Erbaufteilung beeinflusst. Darüber hinaus ist es für sie relevant zu erkennen, wie der eigene regulatorische Fokus die Entscheidungen und Zuteilungen im Erbprozess beeinflussen kann.

8.3 Versorgen

Das Versorgungsmotiv, wie auch das Machtmotiv (siehe Kapitel 8.4), sind Motive, die fast schon den Charakter von Persönlichkeitseinstellungen haben. Menschen mit einem starken Versorgungsmotiv, welches in Teilen auch mit einem „Affiliationsbedürfnis", also dem Verlangen nach sozialer Nähe, einhergeht, passen ihre Entscheidungen und Verhaltensweisen fast zu 100 % diesem Motiv an. Das Erbe bzw. seine Aufteilung ist dann ganz dem Prinzip geschuldet, dass es Dritten besser gehen soll. Erblasser, die mit einem Versorgungsmotiv als Leitbild arbeiten, sind häufig anfällig für Gerechtigkeitskonflikte, da sie Erbaufteilungen so vornehmen, dass die Versorgung von Bedürftigen über der gleichmäßigen Aufteilung steht. Ein solches Aufteilungsprinzip kann in Familien, obwohl gut gemeint, höchst explosiv sein.

Beispiel: Der „Nichtsnutz" und der Star

Ein Ehepaar hat zwei Töchter. Die ältere Tochter A führt ein nach üblichen gesellschaftlichen Konventionen höchst erfolgreiches Leben als Oberärztin in einem Universitätskrankenhaus, die jüngere Schwester B lebt nach einem abgebrochenen Studium der Kunstgeschichte am Existenzminimum. Beide Töchter haben eine

Familie mit je einem Kind, A ist mit einem Anwalt verheiratet, B lebt mit einem Mann unverheiratet zusammen. Die Eltern sind auf A sehr stolz und halten B den Erfolg der Schwester latent vor, gleichermaßen sorgen sie sich über die materielle Zukunft von B. Die Eltern unterstützen B regelmäßig, was A nicht weiter stört, da sie auch so ein überdurchschnittliches Einkommen hat. Als die Eltern kurz nacheinander sterben, weist das Testament eine deutliche Bevorzugung der jüngeren Tochter B auf, was die Eltern auch deutlich mit Bezug auf die Notlage von B und das gute Auskommen von A vermerken. Auch die laufenden Zahlungen an B wurden nicht weiter berücksichtigt oder gar ausgeglichen. Finanziell nicht auf das Erbe angewiesen und auch nicht mit der Intention ausgestattet, der Schwester das nun erleichterte Leben streitig zu machen, bleibt ein tiefer Riss zwischen den beiden Schwestern, der schließlich zum Kontaktabbruch führt. In Beratungsgesprächen wird deutlich, dass A sich in großen Zweifeln über die Motive der Eltern befindet. Sie weiß um die Wertschätzung der Eltern für ihre Leistungen, gleichermaßen empfindet sie die ungleiche Erbaufteilung als massive Zurücksetzung und ist verbittert darüber, dass diese Entscheidungen ohne eine offene Absprache – der sie zugestimmt hätte – erfolgt sind.

8.4 Macht

Das Machtmotiv spielt bei Erbaufteilungen und in Testamenten eine sehr große Rolle. Der Erblasser hat Ressourcen, die er auf die Erben (fast) nach Gutdünken aufteilen kann. Ein Testament bedeutet somit einen nahezu absoluten Machtbeweis. Menschen mit einem hohen Machtmotiv in ihrem Leben fällt es schwer, davon auch bei ihrem Erbprozess Abstand zu nehmen. Viele Menschen sehen ein Testament geradezu als ideale Möglichkeit an, machtvoll über ihren eigenen Tod hinaus zu wirken. Großer materieller Reichtum kann solche Intentionen noch weiter fördern. Insbesondere dann, wenn zur Erbmasse Objekte gehören, die nicht teilbar sind und nur auf eine Person übergehen können, erhält der Erblasser große Macht, darüber zu entscheiden, wer diese Objekte bekommt und wer beispielsweise mit einer entsprechenden Geldsumme abgefunden wird. Handelt es sich bei diesen Objekten um Firmen, Unternehmen, Höfe oder andere Wirtschaftsbetriebe, dann sind mit der testamentarischen Entscheidung weitreichende Eingriffe in die persönlichen Lebensumstände und Erwerbsbiografien der Erben verbunden. Man kann sich dieser Macht verantwortungsbewusst stellen oder man kann sie ausnutzen.

Der Gedanke, dass das eigene Testament angefochten und verändert zur Geltung kommen kann, ist für Menschen mit einem hohen Machtmotiv eine „Horrorvorstellung". Das Ende der eigenen Macht zu akzeptieren ist schwer, aber eine unabdingbare Voraussetzung für ein modernes, kommunikatives Erbe. Die Zeiten des Patriarchats sind mehr und mehr vorbei.

8.5 Erziehen

Das Motiv der Erziehung überrascht vermutlich im Kontext des Erbprozesses. Man kann sich fragen, was erziehen mit vererben zu tun hat. In der Tat gibt es aber eine Reihe von Berührungspunkten.

8.5.1 Verspäteter Taschengeldentzug

Die Beziehung von Eltern und Kindern ist mehrmals im Leben auch durch finanzielle Abhängigkeiten gekennzeichnet. Nach der Phase der Kindheit und Jugend, in der regelmäßig um die Höhe des Taschengelds gestritten und in der das Taschengeld in manchen Fällen als Erziehungsmaßnahme angewendet wird, streben die Kinder vielfach nach finanzieller Unabhängigkeit von den Eltern. Durch die verlängerten Ausbildungszeiten, beispielsweise ein Studium, und die damit verbundenen Kosten verändern sich die „Taschengeldjahre" in Jahre der Ausbildungsunterstützung und ziehen sich oft länger hin, als allen Beteiligten lieb ist. Mit finanziellen Zuwendungen an die Kinder ist auch eine gewisse Kontrolle möglich: zunächst als Erziehungsmaßnahme, dann als mehr oder minder sanftes Druckmittel, die Ausbildung abzuschließen. Andererseits gibt es aber auch Familien, in denen der finanzielle Wohlstand der Eltern lebenslang mit den Kindern geteilt wird und dabei konstant auch Erziehungs- und Steuerungsfunktionen elterlicherseits ausgeübt werden. Die Formel „Wenn du X (nicht) machst, dann streiche ich dir das Taschengeld" funktioniert zwar nicht mehr 1 : 1 bei erwachsenen Kindern, aber das zinslose Darlehen zum Hauskauf (an sich auch schon eine Art Erbfall), bei dem die Eltern über die Art und die Lage der Immobilie mitentscheiden, belegt den steuernden Eingriff in das Leben der jüngeren Generation. Das muss nicht, kann aber zu Konflikten führen.

Zu Konflikten führt eine Steuerung über finanzielle Zuwendungen, wenn der Erblasser im Vorfeld das Erbe an bestimmtes Verhalten (häufig das der Kinder) koppelt oder die Höhe des Erbes von solchem Verhalten abhängig macht. Nachdem der Gesetzgeber aus gutem Grund solchen Klauseln in Testamenten einen weitgehenden Riegel vorgeschoben hat, verlagern sich die Konflikte meist in das Vorfeld des Erbes.

Gerade bei Konstellationen, in denen der Erbe nicht der direkte Erbe ist oder ganz oder teilweise vom Erbe ausgeschlossen wird (also nur durch einen Pflichtteil abgesichert ist), wird das Erbversprechen oft als Druckmittel oder eben als

„verspätete Erziehungsmaßnahme" eingesetzt. Man will so ein bestimmtes Verhalten erreichen und ist der Meinung, dass man dieses anders nicht erzeugen kann. In der Sozialpsychologie wird im Kontext von Motiven und Einstellungen von sogenannten „intrinsisch" verankerten, und demgegenüber gestellt, „extrinsisch" getriebenen Auffassungen unterschieden. *Intrinsisch* verankerte Motive oder Einstellungen sind schwer zu verändern, sie sind quasi „in der Wolle gefärbt". Ein intrinsisch motiviertes Verhalten benötigt keine oder wenige (monetäre) Anreize von außen; diese können sogar hinderlich wirken. *Extrinsisch* motivierte Menschen ändern ihr Verhalten oftmals sofort, wenn der äußerliche Anreiz oder Druck abnimmt. Wenn aber nur die Aussicht auf ein Erbe zur Verhaltensänderung führt, dann ist diese unter Umständen nur von kurzer Dauer. Dies kann schon vor dem Tod des Erblassers der Fall sein, wenn die Erbaussicht nicht stark genug ist, oder erst nach dem Tod eintreten, wenn die Kontrolle fehlt. Wir wollen hiermit nicht jede extrinsische Motivation oder Einstellung – genährt aus der Erberwartung – als chancenlos bewerten (Ausnahmen bestätigen die Regel), aber hier gilt die Regel, dass man mit Geld keine Liebe kaufen kann.

Für alle Konflikte gilt die einfache Formel (von der wir wissen, dass sie sehr schwer umzusetzen ist): Lösen Sie Ihre Konflikte vorher und unabhängig vom Erbe und seiner Aufteilung. Versuchen Sie Dinge, die nicht zusammen gehören, z. B. die Lebensführung eines Erben und der Erbanteil dieses Erben, voneinander getrennt zu betrachten.

8.5.2 Vererben als Bestrafung

Erbkonflikte treffen immer auch einen Verwandten, der an sich unbeteiligt ist. Stirbt beispielsweise der Ehemann zuerst, der das Erbe mit Absicht ungleichmäßig auf seine Kinder verteilt hat (wodurch ein Streit zwischen den Kindern entsteht), dann leidet sicher auch seine hinterbleibende Ehefrau darunter. Unter den Konsequenzen solcher „Strafaktionen" kann im Prinzip jeder unbeteiligte Erbe in die „Blitzableiter-Rolle" geraten und als Stellvertreterziel für die Vorwürfe und Aggressionen einzelner Erben werden, die an sich den Erblasser treffen sollen.

Erbkonflikte sind selten auf eine Person fokussiert, d. h. sie laufen nicht als dyadische Interaktion zwischen zwei Erben oder zwischen Erblasser und Erbe ab, sondern haben raumgreifenden Charakter und treffen alle, auch unbeteiligte Personen.

Gerade wenn solche Konflikte aus einem (übertriebenen) Gerechtigkeitsmotiv heraus entstehen können, sollte zuvor bedacht werden, ob die Nebeneffekte einen zu hohen Preis für die als gerecht wahrgenommene Aufteilung darstellen und man daher Abstand von solchen Intentionen nehmen sollte. *Das Vererben eignet sich nicht gut als Sanktionsmittel bei Konflikten.*

8.5.3 Unethische Absichten beim Vererben: Enterben und Benachteiligungen

Obwohl wir vom Recht der Testierfreiheit im Alltag wenig erfahren, ist dies ein wichtiges Rechtsgut in einer Demokratie. Der Gesetzgeber hat die Möglichkeit geschaffen, dass wir unser Erbe so aufteilen können, wie wir das möchten. Obwohl es ein Rechtsprinzip ist, das wir seit dem Römischen Recht kennen, ist dies übrigens nicht immer so gewesen. Im Mittelalter wurde das Testament zumeist durch eine Familienerbfolge ersetzt, die, die ältesten oder jüngsten Söhne bevorzugte und den Rest der Familie weitgehend enterbte. Im Dritten Reich war die Testierfreiheit aufgehoben und immer durch ein Erben innerhalb der Familie ersetzt.

Auch wenn vielfach mit dem Enterben gedroht wird („Wenn du dies oder jenes (nicht) tust, dann enterbe ich dich!"), ist das nicht so einfach, wie manche denken mögen. Der Gesetzgeber hat der Testierfreiheit in Bezug auf ein Enterben des Pflichtteils eine klare Grenze gesetzt. Der Pflichtteil kann einem Erben nur entzogen werden, wenn dieser dem Erblasser oder einem nahen Verwandten nach dem Leben getrachtet hat, sich eines schweren Verbrechens gegenüber dieser Person schuldig gemacht hat, Unterhaltspflichten verletzt hat oder vorsätzlich straffällig geworden ist und mit einer Freiheitsstrafe von mehr als einem Jahr bestraft wird und so für einen Erben als unzumutbar angesehen wird (ähnliche Regelungen gelten für Unterbringungen in der Psychiatrie).

Der Hintergrund für den Pflichtteil ist die Idee, dass Erblasser von Erben keine unethischen oder sittenwidrigen Handlungen verlangen dürfen. Andererseits sind die meisten erbrechtlichen Regelungen nicht sittenwidrig. Wiederverheiratungsklauseln (also der Übergang des Erbes auf Dritte, z. B. die Kinder aus erster Ehe) sind übrigens nicht sittenwidrig. Auflagen, z. B. die Versorgung der eigenen Eltern, in Testamenten sind ebenfalls nicht erzwingbar, in Vermächtnissen jedoch schon. Auch öffentliche Einrichtungen können den Vollzug von Auflagen verlangen. Das hört sich alles recht juristisch an und ist es auch. Die Mehrheit der unethischen Absichten und Verhaltensweisen beim Erben findet allerdings bereits statt, bevor das Testament oder das Vermächtnis zu wirken beginnt.

Was der eigenen Moral entspricht, muss jeder mit sich selbst ausmachen, psychologisch gesehen gibt es hier kein Gut und Böse. Viele benachteiligte Erben, die bis auf den Pflichtteil enterbt wurden, beschreiben ihre Erfahrung mit unethischem Verhalten des Erblassers bereits weit im Vorfeld des Erbes. Das „Aschenputtel-Kind" – also genau das Gegenteil des Lieblingssohnes – kann häufig eine durchgehende Linie der Benachteiligung von seiner frühen Kindheit an bis hin zur Erbungerechtigkeit erzählen. In solchen Fällen ist das Testament vielfach völlig korrekt aufgesetzt worden, nur eben unter „dubiosen" Umständen entstanden oder wieder abgeändert worden. Beispielsweise wird ein Erbe aus der Erbkommunikation ausgeschlossen und plötzlich gibt es ein neues Testament, welches in dem Urlaub entstanden ist, in dem der Erblasser bei seinem Lieblingskind weilte. Andere Betroffene beschreiben dem sachten Zwang „um des lieben Friedens willen", der sie dazu gebracht hat, Erbverträge zu unterzeichnen, die sie de facto enterben oder deutlich schlechter stellen. Hier geht es aber wie gesagt um die persönliche Moralvorstellung des Erblassers, die wir nicht bewerten können. Allerdings können wir in einem solchen Fall fast immer feststellen, dass die Familie schwerste Bruchlinien entlang des Erbes erhält, die ausstrahlen, unbeteiligte Familienteile mit einbeziehen können und oftmals Folgen haben, die der Erblasser kaum intendiert haben kann.

Es gibt auch noch eine zweite Form von unethischen Verhaltensweisen im Erbfall, nämlich die des unterschwelligen (latenten) Abhängigkeitsverhältnisses. Diese tritt insbesondere bei Erbkonstellationen auf, bei denen ein entfernter Verwandter der alleinige Erbe ist und keine direkte Verbindung zwischen dem Erblasser und dem Erben besteht. In solchen Fällen kann es dazu kommen, dass der Erblasser das Erbversprechen dazu benutzt, vom Erben Zuneigung, Zeit, Pflege oder andere Gefälligkeiten zu bekommen. *Hier gilt der Grundsatz, dass man sich sein Erbe nicht erarbeiten muss.* Schon das Römische Recht führte mit der Familienerbfolge ein Prinzip ein, das genau diese Abhängigkeitsbeziehung vermeiden sollte: Erben ist ein Ergebnis einer Blutsbande, nicht das Ergebnis einer Leistung. Dies schließt natürlich nicht aus, dass besondere Leistungen nicht auch besonders belohnt werden können, aber es gilt zu verhindern, dass das Erbe zum „Wettschießen der sich anbiedernden Personen" wird. Etwas vererben zu können, bedeutet natürlich auch Macht zu haben. Wir haben aber bereits in Kapitel 2 beschrieben, dass diese Macht eng und an sich untrennbar an Verantwortung gekoppelt ist. Diese Verantwortung des Erblassers macht ihn unabhängig vom Werben der möglichen Erben und fordert gleichermaßen, dass es zu einer Erbaufteilung jenseits von erzwungenem Verhalten der Erben kommt. Gerade in solchen Fällen ist auch mit Reaktanz der Erben ab einem gewissen Punkt zu rechnen, an dem der Preis des Erbes als zu hoch empfunden wird.

Beispiel: „Die Freiheit nehme ich mir“

Eine alleinstehende Tante hat in ihrem Neffen einen einzigen Erben. Nicht unvermögend, versucht sie regelmäßig und über Jahre hinweg von ihrem Neffen und seiner Familie Aufmerksamkeit und Zuneigung zu erpressen, immer mit der latenten Drohung verbunden, jemand anderen als Erbe einzusetzen. Als die Situation immer unerträglicher wird und die Dame ihren Neffen regelmäßig des Betrugs und Diebstahl ihres Geldes bezichtigt, bricht der Neffe den Kontakt zu ihr weitgehend ab. Die Tante verstirbt vereinsamt in einem Pflegeheim und vermacht ihr Vermögen der Pflegeeinrichtung.

Durch die zunehmende Anzahl von Singles und Alleinstehenden ist anzunehmen, dass Erbfälle, in denen außerhalb der Familienerbfolge vererbt wird, zunehmen. Diese Menschen sind dann fast vollkommen frei in ihrer Auswahl der Erben. Mit dieser Freiheit geht aber auch die Gefahr einher, dass diese Erblasser hoch idiosynkratische und fast nicht erfüllbare Hürden an mögliche Erben stellen. Überschreiten diese Hürden dann vorerblich auch noch ethische Grenzen, dann ist mit großer Enttäuschung auf beiden Seiten, beim Erblasser wie beim Erben, zu rechnen. Hier kann vielleicht nur der kategorische Imperativ der Aufklärung Richtschnur sein: Was man von seinen Erben verlangt, müsste man auch bereit sein, selbst in so einer Situation zu leisten!

8.5.4 „Unerzogene“ Erben

„Unerzogen“ bedeutet hier nicht, dass die Erben keine Manieren haben, sondern dass es ihnen an einer bestimmten Erziehung mangelt, um gut und adäquat gebildet das Erbe antreten zu können. Dies ist ein zunehmendes Phänomen einer zu Wohlstand gekommenen oberen Mittelschicht und Oberschicht, kann aber prinzipiell in allen gesellschaftlichen Kontexten und Schichten vorkommen. Konkret lässt dieser Erziehungsmangel einen Fehler der Eltern – der Erblasser – deutlich werden. In vielen Familien werden die Kinder gerade aus Gründen des Wohlstands aus Erfahrungs- und Entscheidungszusammenhängen aktiv herausgehalten oder ihnen werden Ausbildungswege, z. B. ein wenig berufsbezogenes Studium, eröffnet, die später dann im Erbkontext zu Defiziten oder dem Fehlen einer unabdingbaren Voraussetzung (z. B. einer Fachkompetenz) führen, die dann fast nicht mehr nachzuholen sind. Der Ökonom Thorstein Veblen (1993) hat in seiner nunmehr klassischen Analyse über die

Oberschicht darauf hingewiesen, dass auch die Ausbildung der Kinder als Ausdruck der Geldkultur angesehen werden kann: Gerade die Elternhäuser, deren Kinder aufgrund des materiellen Wohlstands nicht mehr Fachstudien durchlaufen müssen, die zur erfolgreichen Weiterführung des elterlichen Betriebs befähigen, sondern eine inhaltlich-thematische Wahlfreiheit erfahren, erzeugen Nachfolgegenerationen, die alles andere als vorbereitet auf ihr späteres Erbe sind. Familien müssen entweder eine natürlich Sensibilität dafür aufweisen, welche Ausbildungsgrundvoraussetzungen gegeben sein müssen, um den Kompetenzansprüchen, die mit dem Erbe verbunden sind, Genüge zu tun oder damit erst über die Generationen hinweg Erfahrungen sammeln.

Beispiel: Psychologie und alte Sprachen statt Drehbank

Ein Eigentümer eines großen mittelständischen Maschinenbauers hat seine beiden Kinder, einen Jungen und ein Mädchen, in aller Freiheit erzogen. Durch Klavierunterricht, Ballett, frühe Reisen und andere Förderungen im Schulalter gebildet, sind zwei wohlerzogene Menschen herangereift, für die die elterliche Firma immer ein relativ fremder Ort gewesen ist. Die Kinder sollten vom betrieblichen Alltag verschont werden. Allerdings ist so auch keine Bindung an die Firma entstanden und auch kein Gedanke daran, dass man diese einmal selbst weiterführen könnte. Auch die Studienentscheidungen der Kinder, alte Sprachen und Psychologie, haben wenig mit Drehbänken und Zentrifugen zu tun. Jahrelang stellt dies kein Problem dar, als der Vater aber an Ruhestand und Firmenübergabe denkt, entsteht ein massives Vakuum. Er hat implizit erwartet, dass eines seiner Kinder „natürlich" in diese Rolle hineinwachsen und quasi aus dem Nichts die Kompetenzen dazu mitbringen würde. Keines der Kinder traut sich ein deutliches Nein auszusprechen. Da beide aber noch von materiellen Zuwendungen (die die Form von Schenkungen haben und erbrelevant sind) der Eltern abhängig sind, ergibt sich ein unausgesprochener Druck einer Späterziehung hin zur Firma. Schlussendlich wird mit dem Entzug des Erbteils gedroht, wenn die Firma nicht übernommen würde, was die Kinder in die Ablehnung des Erbes und lediglich zur Annahme des Pflichtteils zwingt.

Auch an diesem Beispiel wird deutlich, dass man sich über Erbfragen, gerade wenn es um Unternehmen in der Erbmasse geht, die weitergeführt werden sollen, schon früh Gedanken machen muss und die späteren Erben auch dazu befähigen muss, dass sie das Erbe einmal vorbereitet antreten können. Dies gilt übrigens nicht nur für Firmen, Höfe und Unternehmen, sondern auch für Kontexte in denen Wissen, Verhaltensweisen oder ein bestimmter „Geist" oder eine Haltung notwendig sind, um ein Erbe angemessen weiterführen zu können.

9 Konflikte über das Erbe

9.1 Welche Arten von Konflikten können beim Vererben entstehen?

Die Konfliktmöglichkeiten über das Erbe sind leider mannigfaltig. Wir werden hier hauptsächlich Erbkonflikte mit mehr als zwei Parteien behandeln, wobei es natürlich auch Erbkonflikte in der Dyade (eine Zwei-Personen-Konstellation) geben kann, beispielsweise wenn der einzige Erbe enterbt und auf seinen Pflichtteil reduziert wird und er dies nicht akzeptieren will. Grob lassen sich drei Typen von Konflikten ausmachen:

- Aufteilungskonflikte,
- erbunabhängige Konflikte, die auf den Erbprozess übergreifen,
- Erbablehnung.

Aufteilungskonflikte sind die am häufigsten vorkommenden Konflikte. Hier dreht sich alles um die Frage, ob ein Erbe einen als gerecht empfundenen Anteil am Erbe erhält oder nicht. Diese Frage kann aus drei Perspektiven beantwortet werden. Abbildung 6 verdeutlicht dieses Dreiecksverhältnis. Erfahrene Ungerechtigkeit kann zunächst aus der Position des Erben, weiterhin aus der Position des Erblassers und letztendlich aus der Position der anderen Erben betrachtet werden. Dabei ist es wichtig anzuerkennen, dass es über die Ungerechtigkeit eine *Perspektivendivergenz* (eine unterschiedliche Wahrnehmung eines Sachverhalts) geben kann. Der Erblasser ist der – aus seiner Sicht – legitimen Auffassung, dass die Erbaufteilung gerecht ist, der Erbe ist dies nicht. Allerdings muss keine Perspektivendivergenz vorliegen. Es gibt auch Fälle, in denen Erblasser sich bewusst für eine ungleichteilige Aufteilung entscheiden und diese als gerecht ansehen. Dann dreht sich der Konflikt mehr um die Frage, ob die Gründe für eine solche Aufteilung nachvollziehbar bleiben.

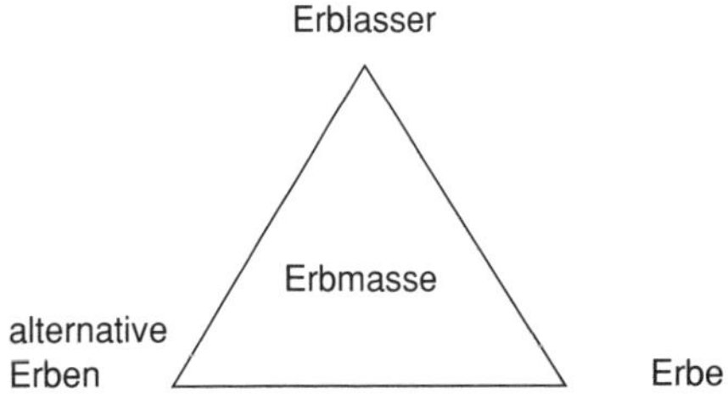

Abbildung 6: Die verschiedenen Perspektiven auf die Aufteilung des Erbes. Unterschiedliche Wahrnehmungen über eine gerechte Aufteilung erzeugen häufig Konflikte.

Erbunabhängige Konflikte haben zunächst nichts mit dem Erbe zu tun und verwandeln sich im Verlauf fast immer in Aufteilungskonflikte. In solchen Fällen liegen andere Konflikte in der Familie vor, beispielsweise zwischen dem Erblasser und dem Erben oder zwischen den Erben, die zunächst nichts mit der Erbaufteilung zu tun haben müssen. Oftmals dreht es sich eher um Gefühle wie Zurücksetzung, fehlende Liebe und Zuneigung, Wertschätzung und Aufmerksamkeit. Solche Konflikte schwelen oft jahrelang und sind im Hintergrund implizit aktiv. Eine andere Variante sind Konflikte, die man an sich für abgeschlossen hält (und die zeitlich oft weit zurückliegen), die aber doch noch nicht ganz gelöst sind. Die Frage der Erbaufteilung oder das plötzlich bekannt gewordene Testament hat dann nunmehr die Funktion eines erneuten Zündfunkens, der die Glut wieder anfacht, oder ist anders ausgedrückt, der Tropfen, der das Fass zum Überlaufen bringt.

Ebenso konflikthaft können *Erbablehnungen* verlaufen. Zweifellos ist die Entscheidung ein Erbe ablehnen zu müssen, z. B. wegen zu großer Schulden oder einer sich daraus ergebenden (materiellen) Verantwortungslast des Erbes, z. B. wenn große Ländereien oder Gebäude unterhalten werden müssen, eine dramatische Entscheidung. Wenn sich aus dieser Entscheidung andere Erbfolgen ergeben, können zunächst Unbeteiligte nichtsahnend in ähnliche Entscheidungsnöte gebracht werden, was deren Beziehung zum ursprünglichen Erben massiv belasten kann.

Erben vereinigt (zunächst). Die Erbsituation ist zunächst durch ein besonderes Merkmal gekennzeichnet: Sie bringt Familienmitglieder, die sonst wenig Kontakt haben, Kontakt vermeiden oder über verschiedene Erdteile verstreut sind, wieder zusammen. Vielen Familienkonflikten kann man aus dem Weg gehen, indem man sich aus dem engeren Familienkontext zurückzieht. Eine nicht unerhebliche Anzahl von Menschen wählt diesen Weg. Im Erbfall jedoch tauchen dann „verlorene" Söhne und Töchter plötzlich wieder auf und die Verwandten oder Erben müssen sich mit Ihnen auseinandersetzen. Beim Auftauchen dieser Angehörigen besteht meistens noch kein Konflikt, aber alleine die situationsbezogene Wiedervereinigung besitzt eine gewisse Konflikthaftigkeit.

Beispiel: Der „verlorene" Sohn aus Singapur

Ein Zahnarzt erlebt im Zuge der Scheidung von seiner ersten Ehefrau einen handfesten Konflikt mit einem seiner Söhne, welcher die Entscheidung des Vaters um die partnerschaftliche Neuorientierung und den Umgang mit seiner Mutter (der Ex-Ehefrau seines Vaters) nicht gutheißen kann. Der Kontakt zwischen den beiden bricht vollkommen ab. Aus beruflichen Gründen zieht der Sohn nach Singapur und

> nach dem Tod der leiblichen Mutter verliert sich auch der Kontakt zum Rest der Familie. Sein Bruder und die Halbgeschwister pflegen den Vater und werden im Testament des Vaters erwähnt. Der „verlorene" Sohn wird schlussendlich nicht bedacht, möglicherweise auch deshalb, weil er unauffindbar scheint. Tatsächlich ist der Vater über diesen Verlust schwer betrübt, kann sich aber nicht zu einer (rechtlich notwendigen) Regelung durchringen, wohl auch aufgrund des Mangels an relevanten Informationen. Durch einen Zufall und die Möglichkeiten der modernen Internetkommunikation (in diesem Falle „facebook") findet ein Nachbar der Familie den Sohn wieder und informiert ihn über den Tod seines Vaters. Dies ist für den Sohn ein Grund, sich wieder bei der Familie zu melden, das Testament anzufechten und zumindest auf den Pflichtteil zu klagen. Der Konflikt mit dem Vater überträgt sich so nahtlos auf die anderen Geschwister, die sich nun mit dem Anspruch ihres Geschwisters konfrontiert sehen und diesen als unbotmäßig empfinden.

Dieses Beispiel zeigt, dass Erben, oder auch Bekannte oder fachliche Berater, den Erblasser auf die Möglichkeiten der Konfliktvermeidung hinweisen können, wenn sie den Konflikt kommen sehen. Manchmal sind die Möglichkeiten der Konfliktlösung oder -vermeidung eingeschränkt und reduzieren sich auf die Zuerkennung eines Pflichtteils. Dies kann aber auch ausreichen, um eine gerichtlich geführten Konflikt zu vermeiden.

9.2 Gründe für Erbkonflikte

Aus der Mediation ist das Prinzip bekannt, dass man gute Gründe für das Verhalten beim Gegenüber erwarten soll. Dieses Prinzip besagt, dass niemand grundlos handelt oder grundsätzlich eine böse Person ist, sondern sein Handeln auf Gründen basiert, die möglicherweise dem anderen nicht nachvollziehbar, unergründlich oder minderwertig erscheinen können. Dennoch stellen diese für den Handelnden gute Gründe dar. Es ist ein Ziel der Mediation, die Perspektive der anderen Konfliktpartei zu übernehmen um in der Folge den Konflikt lösen zu können.

Wenn man ein solches Prinzip auch auf das Vererben, den letzten Willen, anwendet, dann erleichtert es den Erben möglicherweise die Akzeptanz des Testaments. Gleiches gilt natürlich auch für die Verhaltensweise von anderen Erben in Bezug auf ihr Erbe oder die von ihnen mit verursachte Erbaufteilung. Mit so einer Haltung lassen sich Erbkonflikte wertneutraler angehen, der Kontrahent wird somit nicht ganz und bis in alle Ewigkeit als böse verteufelt. So kann man versuchen Konflikte konstruktiv zu lösen oder gar nicht erst eskalieren zu lassen. Dies fällt zugegebenermaßen oft schwer, da sich Konflikte zwischen Familienmitgliedern oder Erben oft über Jahre aufgebaut haben und das Erkennen der jeweiligen guten Gründe kaum mehr möglich ist. Solche jahrelang bestehenden Konflikte können durch Erniedrigung oder Rache entstanden sein.

9.2.1 Erniedrigung

Viele Erbstreitigkeiten tragen dazu bei, dass sich eine der Konfliktparteien erniedrigt fühlt. Der Erbkonflikt erhält dann eine weitere, emotional aufgeladene Dimension, die unabhängig vom rein materiellen Erbkonflikt, aber mit diesem dennoch eng verknüpft ist. In so einem Fall müssen dann diese verwobenen Konflikte (vergleichbar mit den Maschen in einem Wollpullover) aufgelöst und auf beiden Ebenen befriedet werden.

Erniedrigung ist ein starkes negatives Gefühl, welches entstehen kann, wenn man unrechtmäßig zurückgesetzt, abgewertet oder lächerlich gemacht wird. Erniedrigung hat vielfach symbolische Komponenten, die körperlich erfahren werden können, z. B. wenn man auf einem niedrigeren Stuhl als alle anderen sitzen muss und damit eine deutliche Abwertung impliziert werden kann. Sie kann auch durch kleine, eher unauffällige Verhaltensweisen ausgelöst werden, z. B. nicht begrüßt zu werden oder keine Einladung zu erhalten. Gerade bei Menschen, die ein starkes Ehrgefühl haben, sei es individuell oder kulturell bedingt, verstärken sich die Erniedrigungseffekte. Erlittene Erniedrigungen führen sowohl zu Rückzugs- als auch zu Angriffs- oder Racheintentionen. So können auch sogenannte Erniedrigungsspiralen entstehen, in denen nicht mehr unterschieden werden kann, welche Erniedrigung durch wen eigentlich am Anfang stand. In einem Forschungsprojekt an der Universität Amsterdam untersuchen wir, welche Themenbereiche besonders relevant für Erniedrigungserfahrungen sind und wie Menschen darauf reagieren. In Familien aus westlich-industriell geprägten Kulturen herrscht heute eine stark ausgeprägte Gleichheitsannahme vor. Wir behandeln Kinder schon früh als gleichberechtigte Mitglieder und erzeugen so ein Gefühl von Ausgewogenheit. Familienmitglieder gehen zumeist davon aus, dass es keine Wertschätzungshierarchie gibt. Wird so ein Gefühl verletzt, beispielsweise durch eine Benachteiligung im Kontext von Liebe, Wertschätzung oder der Erbaufteilung, dann kann das massive Erniedrigungsgefühle auslösen, gerade weil sich eine so zentrale Annahme als falsch herausgestellt hat. Gleiche Effekte finden sich übrigens auch in Familien mit einer stark ausgeprägten Hierarchie. Hier kommt es zu Erniedrigungsgefühlen, wenn die Aufteilung von Liebe, Wertschätzung oder Erbanteilen nicht entlang der hierarchisch erwarteten Linie erfolgt. In beiden Fällen entsteht ein Gefühl von Erniedrigung, das wie Gift in einem

Erbstreit wirken kann, weil es den ursprünglichen Konfliktinhalt auflädt. Konflikte mit Erniedrigungskomponenten enthalten häufig archaisch anmutende Strategien – Auge um Auge, Zahn um Zahn – und sind nur schwer ohne zusätzliche symbolische Wiedergutmachungen zu lösen.

9.2.2 Rache

Erbstreitigkeiten drehen sich vielfach nicht mehr um das Erbe, sondern das Erbe wird zu einem Symbol für vorangegangene andere Konflikte und so ein Mittel zur Rache. Wenn es nicht mehr um das Erbe, sondern um Rache geht, dann gelten andere Spielregeln und das Erbe ist nur noch ein Instrument in diesem Feldzug. Wenn Sie das Gefühl haben, dass es anderen nur noch um Rache geht, dann müssen Sie sich darüber im Klaren sein, dass Ihre Versuche, der Rache mit rationalen Argumenten im Kontext der Erbaufteilung zu begegnen, überwiegend scheitern müssen. Rache ist eine starke emotionale Reaktion, die das Verhalten stark beeinflussen kann. Manche tief verletzten Menschen verspüren Rache und handeln aus diesem Motiv heraus. Sie ist die Summe von erlebten Verletzungen und Zurücksetzungen. Eine Erbaufteilung kann dann der Tropfen sein, der das Fass zum Überlaufen bringt, gerade wenn der Erblasser die Zielperson der Rache ist. Rachegefühlen sollte man emotional mit Verständnis begegnen und mit einer Suche danach, wie es zu einer Wiedergutmachung, zu einer Kompensation kommen kann, die die Rachegefühle befriedigen kann. Erbaufteilungen können ein Mittel hierfür sein, müssen es aber nicht. Vielfach ist ein Denken außerhalb der Rachedimensionen angebrachter und führt eher zu einer positiven Lösung.

Leider enden innerfamiliäre Rachefeldzüge selten mit einer Versöhnung der Parteien. Die meisten Fälle führen dazu, dass die Familie auseinanderbricht und sich Teile der Familie aus Selbstschutz aus dem Rachefeldzug heraushalten und sich zurückziehen, bis hin zum endgültigen Kontaktabbruch.

9.3 Konflikte alleine oder mit Hilfe von außerhalb lösen?

Das Problem vieler Erbkonflikte in Familien ist, dass eigentlich eine unabhängige, nicht erbende Person notwendig ist, um in dem Konflikt moderierend oder mediierend einzugreifen. Jedoch wird diese Person nicht in allen Fällen, in denen es nötig wäre, hinzugezogen, weil man die Angelegenheit lieber unter sich, in der Familie regeln will. Erbe wird als Privatsache angesehen, man will nicht, dass Fremde wissen, um „wie viel" es geht oder wo die Streitpunkte in der Familie liegen. So sehr wir dieses Bedürfnis verstehen können, so sehr können wir nur dazu raten, über den Schatten der Sicherung der Privatsphäre zu springen und externe Hilfe anzunehmen. Es gibt eine Reihe von spezialisierten Mediatoren, Psychotherapeuten, Psychologen und Beratern, die höchst verschwiegen und sensibel auf solche Konfliktfälle eingehen und dabei helfen können, diese zu lösen.

Häufig werden Familienmitglieder aus dem weiteren Umkreis oder aus derselben Generation (also Brüder und Schwestern des Erblassers) gefragt, ob sie als Vermittler helfen würden, da man Ihnen unterstellt, dass sie keine Erbinteressen haben. Ob dies immer eine so gute Lösung ist, lässt sich bezweifeln. Erstens sind diese Familienmitglieder, gerade die Geschwister des Erblasser, gar nicht so weit in der gesetzlichen Erbfolge entfernt wie man möglicherweise denkt. Zweitens haben sie oft durch Patenkindbeziehungen engere Kontakte mit einem Erben. Drittens hat kaum ein Familienmitglied, auch wenn es nicht erbt, die Unabhängigkeit, die nötig ist, um in solchen Konflikten zu vermitteln. Wie wir schon erwähnt haben, ist es sinnvoll, sich bei einem Wunsch nach einem Vermittler an externe Personen, beispielsweise Mediatoren oder Psychotherapeuten, zu wenden. Es ist nicht unbedingt notwendig, sofort einen Anwalt einzuschalten, insbesondere, wenn man einen Rechtsstreit vermeiden will. Die Hinzuziehung eines Rechtsanwalts wird oft als Eskalation wahrgenommen. Nicht alle Anwälte, aber glücklicherweise immer mehr, sehen Mediationstechniken als ersten Lösungsversuch an.

9.4 Umgang mit zeitlich unterschiedlichen Konflikttypen

Wir haben zu Beginn des Kapitels drei Konflikttypen vorgestellt, die sich in inhaltlichen Aspekten unterscheiden. Im Kontext von Erbenkonflikten müssen noch zwei weitere Formen unterschieden werden. Es gibt zum einen Konflikte über die Erbaufteilung, die schon zu Lebzeiten des Erblassers bereits bestanden haben. Sie kommen dadurch zustande, dass der Inhalt des Erbvertrags oder des Testaments (zumeist) bekannt ist und von den Erben (und den Nichterben) als ungerecht erfahren wird. Der zweite Typus entsteht im Erbfall, wenn die

Erbaufteilung als ungerecht erfahren wird. Hier ist der Erblasser nicht mehr aktiver Teil des Konflikts, aber oftmals der Auslöser, der sich nicht mehr erklären kann oder nicht mehr zu Verantwortung gezogen werden kann. Wir werden zunächst den Konflikt zu Lebzeiten des Erblassers erklären und dann den Konflikt im Kontext eines verstorbenen Erblassers.

9.4.1 Der Erbkonflikt zu Lebzeiten des Erblassers

Erbkonflikte, die vor dem Eintritt des Erbes losgetreten werden, handeln oft von der ungerechten Aufteilung des Erbes, entweder weil das Testament bekannt ist oder weil über Schenkungen deutlich erkennbare Fakten geschaffen werden. Der Erblasser, d. h. die Person, die dies zu verantworten hat, ist noch anwesend und kann zur Rechenschaft gezogen werden. Dieser ist hier in einer privilegierten Position. Er kann entscheiden, ob er den Konflikt annimmt oder ablehnt. Beides kann negative Konsequenzen haben und Sie sollten sich als Erblasser bewusst überlegen, welche Schritte Sie gehen wollen und welche nicht. Versuchen Sie zu verstehen, was den Erben bewegt, woher sein Ungerechtigkeitsgefühl oder die Erniedrigung kommt. Manchmal sind nur kleine, symbolhafte Handlungen nötig, um größere Konflikte zu vermeiden. In jedem Fall ist die andere Person nicht grundlos auf Konfliktkurs geraten ist (siehe auch Kapitel 9.2 zu den die „guten" Gründen). Für eine Konfliktlösung ist es notwendig, sich über zwei getrennte Aspekte klar zu werden:

- *Das Ergebnis:* Wie kann eine Konfliktlösung aussehen?
- *Der Prozess:* Wie kann man eine Konfliktlösung erreichen?

Um zu einer Konfliktlösung zu gelangen, müssen Sie zunächst Ihren Verhandlungsspielraum definieren bzw. den Raum für einen Kompromiss abstecken. Je beweglicher Sie hier sind, desto besser. Bedenken Sie auch, dass manchmal sehr kleine Dinge, die Ihnen selbst irrelevant erscheinen mögen, für den anderen eine deutlich größere Bedeutung haben können. Als ungerecht erfahrene materielle Aufteilungen lassen sich oft „heilen", wenn eine symbolische Aufteilung, auch außerhalb des Erbes, diese kompensieren kann, wenn sie aus Sicht des Erbens wieder „stimmt". Wie Sie zu so einer Lösung kommen, ist je nach Familie und Beziehung zwischen Erblasser und Erbe höchst unterschiedlich. Wir wollen Ihnen hier eine kleine Liste mit Vorschlägen für ein Gespräch mit dem Erben über den Konflikt an die Hand geben.

Hinweis für ein Konfliktgespräch mit dem Erben

- Versuchen Sie ins Gespräch zu kommen, aber fallen Sie nicht mit dem Konflikt ins Haus.
- Bauen Sie erst eine positive, ruhige Atmosphäre auf, z. B. nach einem gemeinsamen Spaziergang oder einem Essen.
- Vermeiden Sie, dass viel Alkohol getrunken wird.
- Vermeiden Sie Zeitdruck.
- Schaffen Sie Privatsphäre und vermeiden Sie unerwünschte Öffentlichkeit.
- Hören Sie erst hin ohne zu unterbrechen, versuchen Sie den anderen zu verstehen.
- Signalisieren Sie Gesprächsbereitschaft und flexible Positionen.
- Betonen Sie Ihre guten Gründe und Ihre Ziele.
- Scheuen Sie sich nicht davor, ausgleichende externe Hilfe und Beratung in Anspruch zu nehmen.

Es gibt auch Erbkonflikte, in denen der Erblasser die Marionette eines Erben ist. In solchen Fällen versucht ein Erbe sich zu übervorteilen und instrumentalisiert dazu den Erblasser. Dies ist oftmals der Fall, wenn Erblasser im höheren Alter beeinflussbar und manipulierbar sind oder gar vom Wohl des Manipulators (z. B. in Pflegesituationen) abhängig sind. Erblasser können sich gegen solche Manipulationen nur schützen, wenn sie Ihr Erbe nicht nur notariell hinterlegen, sondern auch solche rechtlichen Instanzen bitten, sie zu beraten falls sie später ihre Erbregelung noch einmal überdenken wollen.

Prüfen Sie als „benachteiligter" Erbe gut, ob es in einem solchen Fall chancenreich ist, gegen die Situation anzugehen. Auch wenn Sie vielleicht im Recht sind, kann die Durchsetzung des eigenen Rechts unermesslich große Sprengkraft im Erbenkreis oder in der Familie haben. Überlegen Sie sich vorher, ob Sie dies wirklich möchten.

9.4.2 Der Konflikt unter den Erben im Trauerfall

Der Erbfall ist zunächst ein trauriger Anlass. Ein Familienmitglied, ein enger Freund oder Weggefährte ist verstorben. Trauer ist eine starke Emotion, die Verhaltensweisen hervorrufen kann, die man bei sich selbst noch nie erlebt hat oder die andere von einem nicht kennen. Das schwierige an Trauer ist, dass man sie und ihr Ausmaß kaum planen kann und auch frühere Erfahrungen wenig vorhersagen können, wie es sich mit der Trauer in einem anderen Fall verhalten wird. Die Erfahrungen mit dem Tod der Großmutter sind kaum mit den Gefühlen gleichzusetzen, die der Tod der eigenen Mutter auslösen kann.

Das zentrale Problem bei einem Erbenstreit ist, dass der Verursacher des Konflikts, d. h. der Erblasser, nicht mehr zur Verantwortung gezogen werden kann. Die Erben müssen nun den Konflikt unter sich ausmachen. Konflikte werden zusätzlich angeheizt, wenn einzelne Erben sich zum „Erfüller" der Konflikte des Erblassers machen, und dessen Rolle übernehmen (z. B., wenn ältere Geschwister ihre jüngeren Geschwister steuern oder bevormunden wollen).

Nachlassverwalter können – wenn sie ihrer Rolle gerecht werden – eine den Konflikt neutralisierende und oft auch vermittelnde Funktion wahrnehmen. Allerdings ist ihre Flexibilität durch das Testament oder den Nachlass beschränkt.

Häufig bleibt in Erbkonflikten nach dem Todesfall des Erblassers nur der Rechtsstreit. Viele Familien klagen sich durch alle Instanzen und nehmen immer wieder erneute Gerichtsverfahren in Kauf. In solchen Fällen ist der Erbstreit schon fast in den Hintergrund getreten und das Beschreiten des Klagewegs ist durch starke Emotionen, z. B. Aggression, Erniedrigung, Hass und Rache, getrieben.

Tod und Trauer

Das Thema Vererben hat unmittelbar auch mit dem eigenen Tod zu tun, Hinterbliebene reagieren auf den Tod eines Menschen mit Trauer. Gerade die Erfahrung von Trauer hat einen direkten Einfluss auf den Umgang mit dem Erbe und stellt einen Faktor dar, um den Erblasser wissen müssen.

Das Sterben ist in der heutigen Gesellschaft immer mehr aus dem täglichen Leben, d. h. dem Zuhause und den Erfahrungswelten verschwunden und findet „professionalisiert" in Krankenhäusern, Altenheimen und Hospizen statt.[2] Wir erwarten fast schon, dass sich der Tod nach unseren Terminkalendern richtet und teilweise ist dies mit der lebenserhaltenden Apparatemedizin auch Wirklichkeit geworden. In unseren eigenen Forschungs- und Trainingsarbeiten zur Überbringung von Todesnachrichten sind wir immer wieder darauf gestoßen, dass das „Sich-Hineinfühlen" in so eine Situation einer professionalisiert-neutralen Haltung gewichen ist, sowohl auf Seiten der Überbringer, wie auf Seiten der Empfänger, die oft nicht wissen, wie sie mit der schrecklichen Botschaft umgehen sollen. Gerade bei den Empfängern von Todesnachrichten ist so ein Versuch das Gesicht zu bewahren, zum Scheitern verurteilt; Trauer ist hier die angemessene Reaktion.

2 Wen die philosophischen Hintergründe dazu interessieren, dem empfehlen wir das gut lesbare Herausgeberwerk von Graf und Meier (2004) über den Tod im Leben.

Aber auch Trauer, öffentlich gezeigt und geäußert, ist in der heutigen Gesellschaft nicht mehr die Normalität. Trauerrituale finden kaum mehr Anwendung und wenn ja, lösen sie bei Beobachtern eher Befremden als Verständnis aus. Die Folge ist, dass trauernde Menschen nicht mehr wissen, wie sie mit ihrer Trauer in der Öffentlichkeit, im Freundeskreis oder in der Arbeitsstätte umgehen können. Trauergefühle werden dann leicht zu Scham, sie werden verdrängt oder äußern sich in anderen Emotionen, z. B. Aggression.

Die Forschung zu Tod und Trauer steckt noch in den Kinderschuhen und wird es über weite Strecken auch noch bleiben. Trauer ist eine sehr private Angelegenheit und Trauerfälle sind nicht vorhersehbar. Beides macht eine systematische psychologische Analyse schwer und reduziert die Forschungsmöglichkeiten auf Personengruppen, die in ihrer Trauer Kontakt mit Psychologen oder Beratungsstellen suchen. Das Forscherehepaar Margaret und Wolfgang Stroebe hat grundlegende Arbeiten hierzu beigesteuert (siehe z. B. Stroebe, Hansson & Stroebe, 2001).

Trauer verläuft in Phasen. Zunächst muss die Todesnachricht verarbeitet werden; die meisten Menschen reagieren hierauf mit einem Schock. In dieser Phase wird oft noch wenig „gefühlt", Trauer und Schmerz stellen sich erst später ein. Eher ist diese Phase mit einem Gefühl der emotionalen Leere verbunden. Die zweite Phase ist die der Verleugnung, sowohl des Todes der anderen Person als auch der eigenen Reaktion darauf. Man versucht sich zur Normalität zu zwingen, um die äußerst schmerzlichen Gefühle zu vermeiden. Teilweise ist das sinnvoll, wenn aber Alkohol oder Pharmazeutika eingesetzt werden, um die aufkommenden Gefühle längerfristig zu unterdrücken, führt dies zu negativen Effekten auf den Trauerprozess. Nach der Verleugnungsphase brechen äußerst verschiedene Emotionen auf. Wir fahren emotional Achterbahn und können Einsamkeit, Depression, aber auch Schuldgefühle erleben. Eine Emotion, die im Trauerfall auch vorkommt, ist die der Aggression. Gerade Aggression ist für die Trauernden eine schwer zu akzeptierende Emotion, insbesondere, wenn sie sich gegen den Verstorbenen richtet. Aber auch andere Trauernde können die Zielscheibe von aggressiven Emotionen werden. Aggression ist eine Art nach außen gerichteter Blitzableiter, um mit den schwer einzuordnenden Gefühlen umzugehen. Nicht zu vernachlässigen ist auch das Gefühl der Angst und Ohnmacht, wie das Leben ohne den Verstorbenen weitergehen soll. Als letzte Phase tritt dann der Moment des Erinnerns oder der Suche ein, in dem die zuvor ungeregelt aufkommenden Emotionen stärker in Bahnen gelenkt werden. Sie verlieren an Intensität und können bewältigt werden.

In Trauerratgebern wird oft die Maxime ausgegeben, dass das Ziel das „Loslassen“ vom Verstorbenen ist, um ein Weiterleben der Hinterbliebenen im Hier und Jetzt zu ermöglichen. Demgegenüber steht die Aufrechterhaltung der Verbindung mit dem Toten, beispielsweise über stille Gespräche oder die Bewahrung von Gebrauchsgegenständen im Alltagsleben. Die Forschung hat hier noch keine endgültige Empfehlung abgeben können, welche Art der Trauerverarbeitung zu empfehlen ist. Die Arbeitsgruppe um Margaret Stroebe und Henk Schut (2005; Schut, Stroebe, Boelen & Zijerveld, 2006) weist jedoch darauf hin, dass die Trauerintensität und die „Beziehungsgestaltung“ zum Verstorbenen (loslassen vs. aufrechterhalten) oft zwei sich überlagernde Bereich sind. Die individuellen Formen, mit Trauer umzugehen, können höchst unterschiedlich sein. Manchen Menschen geht es weniger darum loszulassen, sondern der Trauer und Erinnerung einen festen Platz in ihrem Leben zuzuweisen.

Wichtig ist, dass der Trauerprozess nicht dysfunktional verläuft und dem reibungslosen Erbprozess im Wege steht. Konflikte können entstehen, wenn aus Trauergründen an einem Erbobjekt festgehalten wird und deshalb die Aufteilung des Erbes unmöglich gemacht oder erschwert wird. In solchen Fällen müssen sich Erben darüber verständigen, was dem trauernden Erben zuzumuten ist oder was zu einem unnötigen Konflikt führt. Denn es gilt auch, dass der Umgang mit dem Erbe ein probates, gutes Mittel sein kann, um mit der eigenen Trauerarbeit voranzukommen.

Aufgabe: Erstellen einer Konfliktmatrix

Wenn ein Erbenkonflikt eingetreten ist, hilft es vielfach, sich einmal zu versinnbildlichen, worum sich der Konflikt eigentlich dreht und wie die unterschiedlichen Positionen sind. Prüfen Sie zunächst für sich, worum es sich bei dem Konflikt eigentlich handelt:

1. Geht es um den Prozess, also die Art und Weise, wie es zu einer Entscheidung gekommen ist?
2. Ist der Konflikt mehrschichtig? Das heißt, überlagern sich erbbezogene und nicht erbbezogene Elemente? Woher stammt die Verletzung ursprünglich?
3. Geht es um eine teilbare Summe oder um ein nicht teilbares Erbobjekt? Sind Kompensationslösungen denkbar?

Verdeutlichen Sie sich in einem zweiten Schritt, welches die jeweiligen Motive der Konfliktparteien sind. Erstellen Sie sich dafür eine Matrix (siehe Abbildung 7), in der folgende Aspekte bzw. Fragen thematisiert werden:

1. Wer hat Streit mit wem? (Wer sind die Konfliktparteien?)
2. Worum geht es? (Welches ist das Streitobjekt?)
3. Warum ist der Konflikt entstanden? (Welches ist die Ursache?)

4. Wie ist der Konflikt entstanden?
5. Wer hat welche Rolle im Streit?
6. Wie könnte eine mögliche Lösung aussehen?

So eine Matrix zu entwickeln ist keine leichte Aufgabe. Verzweifeln Sie nicht, wenn Ihnen das nicht gelingt. Es ist vermutlich vielmehr ein Zeichen dafür, wie sehr Sie in die Materie involviert sind. Nehmen Sie in einem solchen Fall lieber Kontakt mit einem Mediator oder Psychotherapeuten oder Coach auf – hier erhalten Sie professionelle Einsicht in den Konflikt und Unterstützung bei der Lösung.

	Streitobjekt	Konfliktparteien	Konflikt-entstehung
Ursache	Uhr nicht teilbar	3 Kinder	darüber wer die Uhr erhält wurde nicht gesprochen
Rolle der Streitenden		jeder will sie haben	
mögliche Lösung		Kompensation durch Geld/ neue Uhr	

Abbildung 7: Beispiel für eine Konfliktmatrix

9.5 Abschließende Bemerkungen

Vielleicht haben Sie bei der Lektüre dieses Kapitel dessen Aussage als zweideutig erfahren. Dies ging uns beim Schreiben nicht anders. Auf der einen Seite möchten wir Ihnen vermitteln, wie Sie Ihr Erbe ohne Konflikte gestalten können. Auf der anderen Seite weisen wir Sie auch immer wieder darauf hin, dass manche Konflikte, gerade wenn sie schon eine lange Vorgeschichte haben und vor längerer Zeit ausgebrochen sind, kaum mehr lösbar sind. Zwischen diesen beiden Polen, der Ambition zur Konfliktfreiheit und der Akzeptanz von Konflikten, schwingt das Thema unweigerlich mit. Es ist vielen Menschen ein Bedürfnis, konfliktfrei und im Guten zu sterben. Wir sind „soziale Tiere“ und keine Einzelgänger und brauchen das Gefühl, ohne Zwietracht und ohne Konflikte mit unseren nächsten Angehörigen aus dem Leben gehen zu können. Uns sind Familien bekannt, in denen gerade die Eltern-Kind-Beziehung völlig zerbrochen ist. Kommunikation findet dort schon lange nicht mehr statt, die Konflikte haben ein Eigenleben entwickelt und scheinen unlösbar zu sein. Oftmals sind selbst „letzte“ Versuche Frieden zu schließen gescheitert. Diese Menschen haben keine Angst vor dem Sterben an sich, aber Angst davor, dass der Tod ihrem Leben ein Ende setzt ohne dass sie die Konflikte aus dem Weg geräumt haben. Die Konfliktlösung ist ein sehr starkes lebenserhaltendes Motiv. In manchen Fällen zögert ein ungelöster Konflikt auch den Tod hinaus: Erst wenn es gelungen ist, den Konflikt zu lösen, kann man den Tod zulassen. Die Konfliktlösung geschieht auch nicht um des lieben Friedens willen, sondern hat – wie wir oben erläutern haben – die oft viel wichtigere Funktion, weiteren Streit zwischen den Erben zu vermeiden.

Wenn beiderseitige Konfliktlösungen nicht möglich sind, können einseitige Konfliktlösungen ein wirksames Instrument darstellen, das Teil der Erbmasse wird. Damit sind Schriftstücke gemeint, die der anderen Konfliktpartei und den Erben nach dem Tod des Erblassers übergeben werden. So hat der Erblasser die Möglichkeit, sich noch einmal zu erklären, sein Handeln zu begründen und für den Konflikt um Vergebung zu bitten, unabhängig davon, ob die andere Konfliktpartei dies akzeptieren kann. Aber der Konflikt ist zumindest ausgesprochen. Solche Briefe sind ein würdiges „Erbe“ und für manche Hinterbliebene, die mit dem Erblasser einen Konflikt hatten, ein guter Grund, den Konflikt zu beenden, auch wenn eine direkte Aussprache nicht mehr möglich war.

Wir haben in diesem Kapitel versucht, Ihnen Einsicht in die Struktur, Abläufe und Konsequenzen von Erbkonflikten zu geben. Dies ist zugegebenermaßen eine schwierige Materie und das Ausmaß mancher Konflikte lässt sich nur schwer erahnen. Gerade deshalb sollten bei Erbkonflikten einige zentrale Prinzipien berücksichtigt werden:

- Erbkonflikte nicht unterschätzen.
- Früh vermittelnde Hilfe in Anspruch nehmen.
- Endloskonflikte vermeiden oder beenden.
- Wer klug ist, gibt nach.

10 Fazit: Vererben erzeugt Klarheit

Das Hauptziel dieses Ratgebers ist das Anstiften und Mut machen. Wir möchten Sie dazu bewegen, ihr Erbe frühzeitig zu regeln und Sie davon überzeugen, dass eine gute, ausgewogene Regelung möglich ist.

Sicherlich gibt es eine Reihe von Hürden, die dafür überwunden werden müssen. Diese Hürden liegen zunächst in Ihnen selbst, beispielsweise in der Auseinandersetzung mit dem eigenen Tod, der eigenen Sterblichkeit, und der Frage, was man denn der Nachwelt eigentlich hinterlassen möchte. Wenn Sie diese Hürden überwunden haben, folgen vielleicht noch weitere. Aber auch diese Hürden lassen sich nehmen. Wenn Sie für sich Klarheit gewonnen haben, was Sie selbst erreichen wollen, dann sind Sie auch in der Lage, dies in Ihrer Beziehung zu besprechen. Vielleicht ist es notwendig, dass Ihr Partner oder Ihre Partnerin zunächst auch denselben Prozess der eigenen Auseinandersetzung durchläuft, bevor Sie gemeinsam einen Schritt weiter gehen können. Der nächste Schritt ist die Auseinandersetzung mit den Erben. Was sind deren Wünsche und Vorstellungen? Stimmen deren Vorstellungen mit Ihren Ideen über die Erbaufteilung überein? Wo gibt es Divergenzen? Solche Divergenzen müssen nicht unweigerlich zum Konflikt führen, wenn Sie und Ihre Erben diesen Prozess behutsam gestalten und einander verdeutlichen, dass nicht gegeneinander, sondern miteinander eine von allen akzeptierte Lösung gefunden werden soll. Solch ein Prozess kann sich über einen längeren Zeitraum hinziehen und Sie sollten sich und allen Beteiligten diese Zeit geben. Wenn Sie das Gefühl haben, dass nun eine gute Lösung gefunden worden ist, dann können Sie zur Testierung schreiten bzw. die Erbregelung in die Tat umsetzen. Es ist von entscheidender Bedeutung, dass Sie die gefundene Lösung auch genau wie besprochen kodifizieren und sie nicht durch eine mangelnde rechtliche Form gefährden. Ihre Erben vertrauen Ihnen!

Wenn das Testament, die Nachlassregelung oder der Erbvertrag unter Dach und Fach sind, werden Sie eine große Erleichterung verspüren. Nun ist geregelt, wie es nach Ihrem Tod mit Ihrem materiellen und ideellen Eigentum weitergehen wird und Sie können sich getrost wieder dem Gegenwärtigen hingeben. Ihre Erben erhalten Planungssicherheit und können sich überlegen, wie sie mit dem Erbe umgehen werden, wie sie es gestalten und erhalten möchten. Wir erleben immer wieder, dass gerade diese Erfahrung zwischen Erblasser und Erben als äußerst positiv wahrgenommen wird und die Konsequenzen des Erbes an sich in den Hintergrund drängt.

In harmonischen Familien (oder Erblasser-Erben-Beziehungen außerhalb von Verwandtschaftsbeziehungen) geht es ja gerade nicht um das Materielle, sondern um die Qualität der Beziehungen. Diese Qualität ist nur zu einem geringen Teil abhängig von materieller Unterstützung. Viel stärker tragen Vertrauen, das Gefühl von unterstützender Geborgenheit und die Bestätigung eines intergenerationalen Zusammenhangs dazu bei, dass Erblasser und Erben die gemeinsame Gegenwart positiv erleben können.

Sie sehen, es überwiegen die Vorteile sein Erbe zu regeln. Sorgen lassen sich umschiffen und Hürden lassen sich nehmen. Scheuen Sie sich nicht, sich in diesem Prozess Beratung und Hilfe zu holen. Aus unserer Praxis wissen wir, dass dies den Weg zu einem harmonischen, guten Erbe erleichtert – für Sie und für Ihre Erben. Das Endergebnis wird ein Erbe sein, das Sie stolz und mit ruhigem Gewissen vererben können und das Ihre Erben gerne annehmen werden.

Anhang

Literatur

Bretzinger, O. (2011). *Richtig vererben und Verschenken: ARD Ratgeber Recht.* Düsseldorf: Verbraucherzentrale Nordrhein-Westfalen.

Bossong, B. (1999). Erbschaftsaufteilungen, moralisches Verhalten und die Konfrontation mit der eigenen Sterblichkeit. *Gruppendynamik, 30,* 93–102.

Bossong, B. & Kamkar, P. (1999). Moral, Verwandtschaft und Mortalitätssalienz als Determinanten von Erbschaftsaufteilungen. *Gruppendynamik, 30,* 427–443.

Bossong, B. & Nussbeck, F. (2004). Konflikte bei Erbschaftsaufteilungen: Verwandtschaft, Beiträge und Aufteilungspräferenzen. *Zeitschrift für Sozialpsychologie, 35,* 143–156.

Deutsch, M. (1985). *Distributive Justice: A Social Psychological Perspective.* New Haven, CT: Yale University Press.

Ditto, P. H. & Hawkins, N. A. (2005). Advance directives and cancer decision making near the end of life. *Health Psychology, 24,* 63–70.

Dunn, T. A. & Philipps, J. W. (1997). The timing and division of parental transfers to children. *Economic Letters, 54,* 135–137.

Förster, J. (2012). *Unser Autopilot: Wie wir Wünsche verwirklichen und Ziele erreichen können. Von der Motivationspsychologie lernen.* München: DVA.

Graf, F. W. & Meier, H. (Hrsg.). (2004). *Der Tod im Leben.* München: Piper.

Greenberg, J., Pyszczynski, T. & Solomon, S. (1986). The causes and consequences of a need for self-esteem: A terror management theory. In R. F. Baumeister (Ed.), *Public self and private self* (pp. 189–212). New York, NY: Springer.

Huber, G. & Müller, W. (2010). *Richtig vererben.* Freiburg: Haufe.

Köbler, G. (2005). *Deutsche Rechtsgeschichte : ein systematischer Grundriss der geschichtlichen Grundlagen des deutschen Rechts von den Indogermanen bis zur Gegenwart* (6. Aufl.). München: Vahlen.

Leichtentritt, R. D. & Rettig, K. D. (2001). The construction of a good death: A dramaturgy approach. *Journal of Aging Studies, 15,* 85–103.

Montada, L. (2007). Justice conflicts and the justice of conflict resolution. In K. Törnblom & R. Vermunt (Eds.), *Distributive and procedural justice. Research and applications* (pp. 255–268). Burlington: Ashgate/Glower.

Neue Zürcher Zeitung (2009). *Das Family Office als Butler der Reichen.* Verfügbar unter http://www.nzz.ch/nachrichten/wirtschaft/aktuell/das_family-office_als_butler_der_reichen_1.1668103.html (Zugriff am 26.06.2012)

Przyrembel, M., Jonas, K. J. & Knaevelsrud, C. (2011). *Todesnachrichten übermitteln. Manual für Polizei, Seelsorge, Notfallmedizin und Notfallpsychologie.* Weinheim: Beltz.

Plogstedt, S. (2011). *Abenteuer Erben: 25 Familienkonflikte.* Stuttgart: Reclam.

Riggle, E. D. B. & Rostoski, S. S. (2005). For better or for worse: Psycholegal soft spots and advance planning for same-sex couples. *Professional Psychology: Research and Practice, 1,* 90–96.

Schut, H. A. W., Stroebe, M. S., Boelen, P. A. & Zijerveld, A. Z. (2006). Continuing relationships with the deceased: Disentangling bonds and grief. *Death Studies, 30,* 757–766.

Simmel, G. (1992). *Soziologie. Untersuchungen über die Formen der Vergesellschaftung* (Gesamtausgabe, Bd. 11). Frankfurt am Main: Suhrkamp.

Solomon, S., Greenberg, J. & Pyszczynski, T. (2004). The cultural animal: Twenty years of Terror Management Theory and research. In J. Greenberg, S. L. Koole & T. Pyszczynski (Eds.), *Handbook of experimental existential psychology* (pp. 13–34). New York: Guilford.

Stroebe, M. & Schut, H. (2005). To continue or relinquish bonds: A review of consequences for the bereaved. *Death Studies, 29,* 477–494.

Stroebe, M. S., Hansson, R. O. & Stroebe, W. (2001). *Handbook of bereavement research: Consequences, coping and care.* Washington, DC: American Psychological Association.

Trope, Y. & Liberman, N. (2010). Construal-level theory of psychological distance. *Psychological Review, 117,* 440–463.

Vandecreek, L. & Frankowski, D. (1996). Barriers that predict resistance to completing a living will. *Death Studies, 20,* 73–82.

Veblen, T. (1993). *Theorie der feinen Leute. Eine ökonomische Untersuchung der Institutionen.* Frankfurt am Main: Fischer.

Weber, M. (1990). *Wirtschaft und Gesellschaft. Grundriss der verstehenden Soziologie* (5., revidierte Auflage). Tübingen: Mohr. (ursprünglich erschienen 1921)

Begriffserklärungen

Affiliationsbedürfnis: Ein menschliches Bedürfnis nach sozialer Nähe und Einbindung in einen Sozialverbund, z. B. Familie oder Freundeskreis.

Altruismus: Prosoziales Verhalten, z. B. Hilfeleistung, das ohne eigene Interessen verfolgt wird.

Coping(mechanismen): Fachbegriff aus der Psychologie, der den Umgang mit einer belastenden Situation bzw. die Mittel, die dazu eingesetzt werden, beschreibt.

Dyadische Interaktion: Die Dyade bezeichnet die soziale Einheit von zwei Personen, umgangssprachlich auch als Vier-Augen-Gespräch bezeichnet.

Dysfunktional: Fachbegriff aus der Psychologie, der eine Verhaltensweise beschreibt, die dem Erreichen des gesetzten Ziels nicht zuträglich ist, d. h. dafür nicht funktional ist.

Erbe: *Der Erbe* ist der Rechtsnachfolger des Erblassers, der mit allen Rechten und Pflichten das gesamte Erbe oder einen Teil davon erhält. *Das Erbe* bezeichnet hingegen die Gesamtheit des Nachlasses durch den Erblasser.

Erblasser: Eine natürliche Person, die ihren Angehörigen oder Dritten ein Erbe oder einen Nachlass hinterlässt.

Erbvertrag: Ein rechtlich bindendes Vertragswerk zwischen Erblasser und Erben. Oft wird der Erbvertrag auch mit einem Ehevertrag kombiniert oder aufgesetzt, wenn von der gesetzlichen Erbfolge abgewichen oder auf Erbteile verzichtet werden soll.

Equity: Relative anspruchsbezogene Gleichheit von Individuen, in Aufteilungskontexten erhält jeder Einzelne eine Zuteilung eines Guts gemäß seines Anspruchs.

Equality: Absolute Gleichheit von Individuen, in Aufteilungskontexten erhält jeder gleich viel.

Extrinsisch: Durch äußere Einflüsse bestimmt.

Idiosynkratisch: Eine persönliche, oft eigentümliche Sichtweise auf ein Objekt oder Thema, die sich von der Perspektive anderer deutlich unterscheidet.

Intergenerational: Das Denken und Handeln über die eigene Lebensspanne und Generation hinweg unter Einbeziehung der Bedürfnisse der zukünftigen Generationen und der Traditionen zurückliegenden Generationen.

Intrinsisch: Auf der Basis verinnerlichter Überzeugungen oder Einstellungen.

Kategorischer Imperativ: Gilt als das grundlegende Prinzip der Philosophie Immanuel Kants und wird umgangssprachlich in leicht abgewandelten Formeln gebraucht, z. B.: „Handle so, wie du selbst auch behandelt werden willst". Dahinter steht die Forderung die eigenen Handlungen dahingehend zu prüfen, ob sie einer universalisierbaren Maxime folgen, also ein allgemeines Gesetz werden können.

Kodifizieren: Das Umsetzen einer Aussage oder Entscheidung in eine allgemein akzeptierte Form, z. B. in Vertragstexte die bestimmten rechtlichen Anforderungen genügen.

Mortalitätssalienz: Die Bewusstwerdung des drohenden eigenen Todes. Salienz bedeutet, dass ein Reiz (ein Objekt oder psychologischer Zustand) einem Individuum deutlich ist und sein Denken und Handeln beeinflusst.

Perspektivendivergenz: Bezeichnet eine unterschiedliche Wahrnehmung eines Sachverhalts zwischen zwei oder mehreren Parteien. Zumeist sind die Positionen stark gegensätzlich, wobei jede Partei relevante Gründe anführen kann, warum die jeweilige Position die richtige ist.

Pflichtteil: Der gesetzliche festgelegte Anteil (50 % vom gesetzlichen Erbteil) an einem Erbe, wenn der Erbe vom Erblasser ausgeschlossen wurde. (Empfehlung: Lassen Sie sich hierzu bitte juristisch beraten.)

Reaktanz: Psychologischer Fachbegriff, der Verhalten beschreibt, welches prinzipiell ausgeführt werden sollte, aber aus bestimmten individuellen Gründen, bewusst oder unbewusst, verweigert wird.

Sterblichkeitssalienz: Siehe Mortalitätssalienz.

Testament: Aus dem Lateinischen von *testari* (bezeugen). Es bezeichnet eine letztwillige Verfügung, welche im Falle des Todes Wirkung entfaltet. Siehe im Unterschied dazu „Erbvertrag".

Testierfreiheit: Das Recht eines Einzelnen als Teil der grundgesetzlich gesicherten Privatautonmie seinen Erben zu bestimmen.

Übertragungseffekt/Stellvertretereffekt: Ein psychologisches Phänomen, das bei zwei zunächst unabhängigen Situationen die Eigenschaften oder Bewertungen, die im Kontext der einen Situation erfahren werden, auch auf die andere Situation angewendet werden. Dies kann sich auch auf Menschen beziehen.

Vermächtnis: Übertragung eines Teils des Erbes an eine Person oder Institution, ohne dass diese Rechtsnachfolger des Erblassers werden (im Unterschied zu Erben). Der Vermächtnisnehmer kann vom Erben die Übereignung des vermachten Erbteils verlangen.